Henry de Montherlant
NUTZLOSES DIENEN

Über den Autor

Henry Marie Joseph Frédéric Expedite Millon de Montherlant wurde 1985 in eine wohlhabende, katholisch-royalistische Familie hineingeboren und beging 1972 Selbstmord, indem er eine Zyankalikapsel zerbiß und sich gleichzeitig in den Kopf schoß. Er nahm am I. Weltkrieg teil und wurde mehrfach ausgezeichnet. Danach lebte er als freier Schriftsteller. Während der Besatzung Frankreichs durch deutsche Truppen (1940–1944) sympathisierte er mit der historisch neuen, faschistischen Bewegung, ohne jedoch offen zu kollaborieren. Er unterbrach seine schriftstellerische Existenz nicht und hinterließ ein umfangreiches, teilweise ins Deutsche übersetztes Werk.

HENRY DE MONTHERLANT

Nutzloses Dienen

EDITION ANTAIOS
kaplaken 29

© 2011 Edition Antaios · Schnellroda
www.antaios.de

Buchgestaltung und Satz: Oktavo, Syrgenstein
Druck: koppdruck, Heidenheim
Bindung: Ernst Riethmüller & Co. GmbH, Tübingen

Die Deutsche Bibliothek – CIP-Einheitsaufnahme
Montherlant, Henry de:
Nutzloses Dienen
Reihe *kaplaken*, Bd. 29, 96 Seiten, gebunden
Erste Auflage, Schnellroda, Edition Antaios, 2011

ISBN: 978-3-935063-99-9

Inhalt

Sinnloses Erklären – ein Vorwort 6

  I Die Ritterschaft des Nichts (1928) 9

 II Verlorenes Ehrgefühl (1933) 17

III Die Besonnenheit und der sinnlose
    Tod (1933) 33

IV Der Schriftsteller und das öffentliche
    Wirken (1934) 62

 V Brief eines Vaters an seinen Sohn
    (Bruchstücke, 1932) 76

Sinnloses Erklären

Ich verspüre keine Lust, einem möglichen Leser dieses Buches zu erklären, warum es ersprießlich sein könnte, sich mit dem Franzosen Henry de Montherlant zu beschäftigen. Daher nur soviel: Wer die suggestive Kraft der Parole »Nutzloses Dienen« nicht spürt, kann dieses Buch zuklappen und weiterverkaufen. »Sinnlos, etwas zu erklären, wo eine Andeutung nicht genügt!«, sagt Nicolás Gómez Dávila. Das meine ich auch.

»Die Lust am Dienen verweist auf Idealismus, die Überzeugung, daß es nutzlos sei, auf Realismus«, schreibt Alain de Benoist in seinem Autorenportrait über Montherlant, das in der 30. Ausgabe der von mir verantworteten Zeitschrift *Sezession* abgedruckt ist. Es ist sinnlos, jemandem, der es nicht unvermittelt begreift, zu erklären, warum das Nutzlose nicht das Sinnlose ist. Und noch viel sinnloser ist der Versuch, denjenigen, die im Kalkül verbleiben, das Nutzlose als das Eigentliche vorzustellen. Nur dann, wenn ich nicht nach der Wirkung schiele, bin ich ganz bei mir. Und so steckt im nutzlosen Dienen eine ebenso tragische wie wunderbare Lebenserfüllung. Denn das Nutzlose ist das, was nicht verwässert werden kann, was nicht *en vogue* ist, und so zeichnet es jenen, der nutzlos sein Bestes gibt, auf eigentümliche Weise aus: Das Nutzlose nämlich wird um seiner selbst willen betrieben, und wenn es vollendet ist, ist es gut – unabhängig davon, ob es etwas austrägt. Oder, existentiell ausgedrückt: »Immer dann, wenn jemand mit großer Hingabe handelt, tut er es vor allem und letztendlich für sich selbst. Daß er dabei oft auch einer Sache dient, wird erst im Nachgang und auf den zweiten Blick deutlich. Dienen in diesem Sinne ist ›nutzloses Dienen‹ und Selbstvergewisserung. Wer handelnd sich selbst sucht, baut sich handelnd seine Stellung, seinen Ort.«

»Was mich aufrecht hält auf den Meeren des Nichts, das ist allein das Bild, das ich mir von mir selber mache«, notierte Henry de Montherlant. Er lebte von 1895 bis 1972 und hat Romane, Novellen und Essays, Erzählungen, Theaterstücke und Gedichte, Aphorismen und Tagebücher verfaßt. In Deutschland wurde er als wichtige Stimme eines »neuen Frankreichs« begrüßt. In den Ruf eines Kollaborateurs kam er nach dem Sieg des Deutschen Reiches, weil er über die Schlacht um sein Vaterland und seine Niederlage im Juni 1940 Essays vorlegte, die nicht die Revanche, sondern die Chancen der neuen Ordnung und der Männlichkeit des faschistischen Stils in den Blick rückten.

Henry de Montherlant war stolz, herrisch, lebensfroh und selbstbestimmt. Als er sich unheilbar krank wähnte, erschoß er sich. Sein Leben war ein einziger nutzloser Dienst an den »jasagenden Affekten«, die Nietzsche im *Willen zur Macht* aufgezählt hat: »Der Stolz, die Freude, die Gesundheit, die Liebe der Geschlechter, die Feindschaft und der Krieg, die Ehrfurcht, die schönen Gebärden, Manieren, der starke Wille, die Zucht der hohen Geistigkeit, der Wille zur Macht, die Dankbarkeit gegen Erde und Leben – alles, was reich ist und abgeben will und das Leben beschenkt und vergoldet und verewigt und vergöttlicht – die ganze Gewalt verklärender Tugend, alles Gutheißende, Jasagende, Jatuende«.

Man muß den Ton, der auf solchen Saiten angeschlagen wird, hören wollen. Wer ihn nicht hören will, wird auch durchs Leben kommen, aber ärmer – und ausgeschlossen von der »Ritterschaft des Nichts«. Die fünf hier verfügbar gemachten Texte sind eine Auswahl aus dem 1939 in Leipzig erschienenen Band *Nutzloses Dienen* von Henry de Montherlant. Die Übersetzung erfolgte damals durch Karl Heinz Bremer, der 1943 an der Ostfront fiel. Sie ist unverändert übernommen.

Götz Kubitschek

I Die Ritterschaft des Nichts

In Montherlant auf dem alten Friedhof des Schlosses, wo die sterblichen Reste einiger meines Stammes liegen, befindet sich ein Grab, das ich nicht ohne Bewegung anschauen kann. Es stammt frühestens aus dem 17. Jahrhundert, weil meine Familie erst seit damals dort beigesetzt wurde. Aber dem Aussehen und dem Stil nach könnte man es für mittelalterlich halten. Es wäre zu wenig, wenn man sagte, der Grabstein sei nackt; er ist die Nacktheit selbst: Ohne Schmuck, ohne Inschrift, ohne Namen, ohne eine Spur von dem oder jenem. In der Mitte nur das Wappen, erhaben aus dem Stein gehauen, eingegraben und herausgewölbt mit erstaunlicher Ausdruckskraft. So steht es da: eine lange, verwitterte Steinplatte und dann diese flammenden Schnörkel. Nichts weiter. Die Gruft des »unbekannten Ahnherrn«. Leere Fläche ohne jede Angabe, mit einem Wappen dort, wo das Herz ruht.

Warum unsere Familie, die spanischen Ursprungs ist, den Turm von Alt-Kastilien im Wappen hat, tut hier wenig zur Sache. Es ist ein eigenartiger Zufall, oder sollte dieser Grabstein in der spanischen Picardie – »nördliches Volk, das ganz das Feuer des Südens besitzt« (Michelet) – nicht von der Hand irgendeines gebürtigen Kastilianers gearbeitet worden sein? Denn dieser Stein trägt ganz das Zeichen kastilianischen Geistes.

Man kennt das Platareske, jenes erste Erscheinen der Renaissance in der spanischen Baukunst. Eine Fassade, die keine Fassade ist, sondern eine Mauer, eine dürre Mauer, eine lange gelbe und rote, sonnengedörrte Backsteinwüste. Und nur hier und da auf dieser wunderbaren Nacktheit und Armut des Baustoffes eine Tür oder auch eine Oase aus Eisen, ein Fenster, beschwert von seinem bauchigen Gitter und vergrößert von seinem mächtigen Schatten in der grellen Sonne; das Ganze mit Herrlichkeit aufgeputzt und an den Seiten mit einem oder mehreren steingehauenen Wappenschildern geschmückt – jenen Wappenschildern, deren sich kein Land der Welt zur Ausschmückung zu bedienen wußte wie gerade Kastilien. Und wieder ringsum die Mauer, das weite, glühende Nichts. Man könnte sagen: das Antlitz Kastiliens selbst, weite tote Fläche, die hier und da gespickt ist mit ein paar gewaltsamen Reizen, bezaubernd wie Wasserstellen. Diese Schnörkel sind der Stolz der Welt, und dieses glühende Nichts ist der Platz Jesu Christi. Höchster unbegründeter Stolz, tiefste Entsagung, beides Seite an Seite ohne Übergang. Der Schnörkel – der Mut – mit dem man ans Werk geht, und die nackte Mauer – der Verstand – um das zu verachten, was man unternimmt. Der Idealismus, der »dienen« sagt, und der Realismus, der weiß, daß dieses Dienen unnütz ist.

Jene herben und glutvollen Paläste, die Universität von Alcala, das Königliche Spital von Santiago de Compostela, die Fassaden des Spitals von Santa Cruz in Toledo und des Palastes in Penaranda de Duero übertreffen – wenn ich es sagen darf – unser Versailles. Wohlverstanden: im Vergleich zu all dem, was uns umgibt, müssen wir Versailles sehr hoch stellen. Wir müssen es verteidigen gegen jeden, der es angreift. Wir sind für Versailles, ich möchte sagen: wir sind ein Stück davon, seine Ordnung ist die unsere. Aber von diesem Standpunkt aus müssen wir betonen, was wirklich ist: Ludwig XIV. war ohne allen Zweifel groß. Aber sein Schloß läßt die Größe nicht ahnen. Es scheint das Werk eines Emporkömmlings zu sein, den ein Pedant beriet. Es ist das Schloß des »Bürgers als Edelmann«. Versailles ist prunkbeladen, vielleicht majestätisch, aber ohne Größe. Es ist sogar ein gutes Beispiel, an dem man feststellen kann, was dem Majestätischen zur wirklichen Größe fehlt. Wirkliche Größe besitzt Pracht und Strenge. In Versailles gibt es Pracht, aber es gibt da keine Strenge. Es gibt da nicht einmal Ernst.

Versailles ist ein Schloß für eitle Menschen, ein Schloß für Genasführte: sie sind voll von ihrem Schwulst, voll von ihren Vergoldungen und vermögen nicht darüber hinauszuschauen. Der spanische Palast ist das Schloß von Menschen, die sich nichts vormachen lassen; die den Menschen wohl närrisch – und mit welchen Albernheiten (man beachte den Rang!) – aufblähen, die aber daneben nie das auslassen, was ihn wieder klein macht. In Versailles schwimmt man im Falschen, und man weiß es nicht. In Salamanca gibt man sich bewußt und vorübergehend dem Falschen hin und hat den Blick fest auf die Wirklichkeit gerichtet. In jenem überladenen Versailles, jenem wahren Stück Rhetorik, gibt es keinen Platz für Beschaulichkeit. Alles spricht zu den Sinnen und zur Eitelkeit und zu nichts anderem. Nichts rührt da an der Seele. Wenn ich dieses Bauwerk verlasse, sind mein Hunger und mein Durst unvermindert. Der spanische Palast spricht zur Seele, weil er ihr das Bild zeigt, das sich der Mensch von sich selber macht, aber er zeigt nichts von dem, was der Mensch selber ist.

Nun sage man nicht: »Das Platareske taucht fast noch im Mittelalter auf. Seine Strenge verdankt es dem Zeitalter, und nicht dem Geist des Volkes.« Denn zwischen Versailles und Aranda liegen nur hundert Jahre. Und man sage nicht: in jener Nacktheit der Fassade liege kein Symbol. Um sich vor der schrecklichen Sommersonne zu schützen, hat man sie mit so wenigen Öffnungen wie möglich durchbrochen. Genau so hätten sich, wie die moderne Wissenschaft behauptet, Griechen und Trojaner nicht um ein schönes Weib bekämpft, sondern um das Gedeihen ihres Außenhandels. Ebenso hätten siebenundvierzig japanischen Rouins nicht aus Treue zu ihrem ermordeten Herrn getötet, wie die Legende erzählt, sondern um der Not zu entgehen, in die sie sein Tod zu bringen drohte ... Wir kennen wohl den Geist, der solche Erklärungen vorschreibt.

»Nutzloses Dienen«. Beschwört dieses Wappen auf dem Grabstein von Montherlant nicht das Dienen herauf? Dieser flammende Turm, diese beiden Schwerter (»die zwei Säbel des Samurai«, sagte Curel) erinnern eindeutig an eine im Dienste des Königs vollbrachte Tat. Der Wahlspruch ist ein Treueschwur, eine Formel der Unterwürfigkeit, kraftvoll und eng: »Alles nur für die Lilien«. Aber ringsum der

Stein in seiner unsinnigen Nacktheit, die erhabene leere Platte scheint immer zu wiederholen: vergebens – vergebens. Das Siegel des Dienens, all jene großsprecherischen Versicherungen von Kraft und Glauben sind im Leeren und schwimmen auf dem Leeren wie ein Schiff auf dem Meer. Morgen werden sie aufgezehrt sein, wie das Schiff von den Wellen verschlungen wird: die Zeit löscht die Inschrift aus, und bald wird sie das übrigen zernagt haben. Wir kennen das Wort aus dem großen entsittlichenden Buch, aus der Bibel: »Ich werde das gleiche Schicksal haben wie der Besessene. Warum also bin ich klüger gewesen?« Und hier lese ich: »Ich werde das gleiche Schicksal haben wie alle, die sich nicht erhöhten. Warum also habe ich mir solchen Zwang auferlegt!«

Auf solche Dinge in mir lauschte ich gestern auf dem kleinen Friedhof im dämonischen Banne des Augusts; und die Hitze des Tages um mich herum war auf den Boden gekauert wie ein Mensch. Nichts so sehr wie die Sonne (unter die ich mein Leben stellte) beschwört dieses Verschlungenwerden aller Dinge, dieses Strahlen, das von einer schließlich untergegangen Welt noch übrigblieb, – jene Stelle des Meeres, wo ein Schiff scheiterte und es mir in den Sinn kam, Blumen zu streuen, weniger für die

Toten als für diese strahlende Oberfläche, wo das Nichtsein das Sein ersetzt hatte. Ganz besonders in der prallen Sonne hören die Araber die Flöte des Ibis (des Satans), wenn er vor Freude jubelt, diese Welt ins Verderben gestürzt zu haben. Zur Zeit der Sommersonnenwende stirbt Adonis, und die Frauen weinen seit Jahrhunderten an den Tagen allzu durchdringenden Lichtes. Vor hundertvierzig Jahren wurde von dieser Stelle ein Mann meines Namens fortgeführt, und erst am Fuße des Schafotts sagte er: »Ich sterbe zufrieden, denn ich sterbe, weil ich eine gute Tat getan habe.« Er hatte einen politischen Flüchtling versteckt und sich geweigert, ihn auszuliefern. Geschah es wegen des Wortes der »guten Tat«, daß ich bald eine Stimme hörte, die mir die Verse des Sigismund – »Das Leben ein Traum« – ins Ohr flüsterte:

»Ja, ich träume, und ich will Gutes tun,/ Denn Guttat schwindet nicht, auch nicht im Traume.«

Was soll das heißen? Ich verstehe es gern so: das Leben ist nur ein Traum, aber die gute Tat geht nicht verloren, wie vergebens sie auch gewesen ist – überflüssig für den Leib der Gemeinschaft, überflüssig für die Rettung unserer Seele –, weil wir diese gute Tat an uns selbst getan haben. Uns selbst haben wir gedient, und uns selbst haben wir die Krone gegeben. Die einzigen Kronen, die etwas wert sind, sind die, die man sich selbst reicht. »Ich habe die Erde betrachtet, und die war leer und ein Nichts, und den Himmel, und es gab kein Licht darin« (Jeremias 4, 23). Was mich aufrecht hält auf den Meeren des Nichts, das ist allein das Bild, das ich mir von mir selber mache.

II Verlorenes Ehrgefühl

Die Zeitungen meldeten uns, daß ein ehemaliger Schuldirektor in Charolles, Beigeordneter des Bürgermeisters, sich vergiftete, weil man entdeckt hatte, daß er schon seit Jahren Eßwaren beim Fleischer entwendete.

Einer unserer literarischen Kollegen glossierte in einer Zeitung, welche die Idee der »Ordnung« verteidigt, seinen Tod folgendermaßen:

»Sich töten, weil man Wurst klaute, heißt die Gewissensbisse und die Empfindlichkeit ein wenig weit treiben! Wie viele ehrbare Leute begingen Schlimmeres und leben lustig weiter! Dieser Dieb war ein Heiliger! Oder ein Verrückter. Ich denke, daß es an jenen Tagen zu heiß war, und daß die Hitze der Hundstage gar manchem in den Kopf zu steigen pflegt.«

Wir dagegen meinen, Hut ab vor einem Menschen, der sich für eine sittliche Idee tötet, selbst wenn diese Idee anfechtbar sein sollte.

Um uns herum aber erregt seine Tat Verblüffung. »Wie sollen wir uns diese tödliche Verzweiflung erklären?« schreibt unser Kollege. Mein lieber Kollege, ein französisches Wort wird Ihnen des Rätsels Schlüssel liefern: das Wort »Honneur«, – Ehre. Aber ich sehe, wie man hier und dort Augen und Ohren aufsperrt ... Ehre? Schließlich sagt einer, der dem Wort »Ehre« ernsthaften Sinn gibt: »Ehre wäre gewesen, nicht zu stehlen.« Ja und nein. Man kann stehlen und dennoch *auch* seine Ehre haben.

Im Bewußtsein unserer Zeitgenossen lebt noch nicht die Vorstellung, daß die Menschen nicht aus einem Stück sind. Man verkennt die Bedeutung des Wortes »auch«.

◎◎

Der »Excelsior« veröffentlichte am 17. Dezember 1931 folgende Meldung:
»Tokio, den 16. Dezember. Frau Kizichi Inuye, die sechsundzwanzigjährige Gattin eines Leutnants, der an die Front geschickt wurde, beging Selbstmord, damit ihr Mann ihr gegenüber jeder Sorge enthoben sei, während er seinen Dienst tut. Sie legte das traditionelle Gewand an und traf die äußerst verwickelten Vorbereitungen, dann setzte sie sich vor den Familiengöttern nieder und öffnete sich eine Pulsader.

In einem Brief an ihren Gatten ermahnte sie ihn, dem Vaterlande gegenüber seine Pflicht zu erfüllen.«

Einer meiner Freunde, ein Bibliothekar der Staatsbibliothek, erzählte vor Zeugen der Frau eines französischen Obersten diese Geschichte. Wohlgemerkt: der Frau eines Obersten! Es handelt sich nicht um eine Person, der all das fremd sein mußte. Die Dame hörte die Geschichte an und überlegte einen Augenblick; dann sagte sie – und das war ihr einziger Kommentar:

»Diese Leute sind wahrhaftig noch nicht einmal zivilisiert.«

⊚⊚

Am 7. Mai 1932 erfuhr der ehemalige russische Kavallerieleutnant Serge Dimitriew, Tellerwäscher in einem Pariser Restaurant, auf dem Heimweg, daß Präsident Doumer von dem Russen Gorgulow gerade ermordet worden war. Er erkundigt sich, kauft mehrere Zeitungen und geht in sein Zimmer. Nach einer Stunde Überlegung schreibt er auf einen Zettel: »Ich sterbe für Frankreich«, und stürzt sich aus dem Fenster des fünften Stockwerkes.

Kannten Sie damals dieses Ereignis? Ich wette, nein. Die Pariser Presse meldete es nur in kurzen

Zwischennotizen. Denn es gibt ja so viele Mordtaten, so viele diebische Bankiers, und man kann doch nicht von allem reden!

Die Behörde ließ Dimitriew beerdigen. Sie mußte es wohl tun, denn er hinterließ nichts; und die Behörde beseitigt ja auch die überfahrenen Hunde. Zeigte sich der Staat irgendwie erkenntlich? Oder die Frontkämpferverbände? Dem Brief eines Berichterstatters zufolge sagte der Polizeikommissar zu Dimitriews Witwe: »Nach dem, was Gorgulow getan hat, haben Sie noch Dusel, daß wir uns für einen Russen in Unkosten stürzen.« Es wundert mich, daß sie keine Strafe zu zahlen brauchte.

Diese Begebenheit berührt so wenig das französische Empfinden, daß Gorgulows Verteidiger – wenn ich der Presse glauben kann – nicht einmal daran dachte, in seiner Verteidigungsrede zu sagen: »Was brauchen Sie ein neues Opfer? Der Tod des Präsidenten Doumer ist schon mit unschuldigem Blute beglichen.« (Ich will damit nicht diese durchaus anfechtbare Begründung verteidigen. Ich zeige nur die Art der inneren Einstellung und stelle fest, daß man sich ihrer nicht bediente.)

Vielleicht fürchtete der Verteidiger, daß Dimitriews Tat getadelt würde, wenn man sie erführe. Ein

Franzose, dem ich das mitteilte, sagte mir: »Zweifellos ..., aber schließlich ist es ein nutzloses Opfer.«

Ja, zweifellos ist es ein nutzloses Opfer, wenn die Franzosen, für die es gebracht wurde, es so beurteilen. Und sie beurteilen es tatsächlich so. Ein anderer sagte mir über Dimitriew: »Er muß nervenkrank gewesen sein.« Ein anderer: »Das ist Schauspielerei.« Ein dritter: »Glauben Sie wirklich, daß es ehrlich gemeint war?« (Dieses letzte – vielsagende – Wort wendet man auch immer gegen die Künstler an. Und diese Parallele hat etwas Großartiges.)

Kurzum, es handelt sich immer nur darum, etwas herabzusetzen. (Das Vorstehende schrieb ich in viel milderen Worten, als es eigentlich geschehen müßte, – ich mildere es, weil man mich bat, es nur *so* zu schreiben.)

◎◎

Es ist bedenklich für ein Land, daß Taten, die ehrenwert wie die erste der angeführten oder erhaben wie die beiden anderen sind, dort nur auf Gleichgültigkeit, Verleumdung und höhnisches Kichern stoßen, und daß sie vor allem nur das Gefühl für Lächerliches reizen.

Aber es ist zweifellos noch bedenklicher, daß die gleichen Taten in den Rahmen des Krieges versetzt, das Ohr, die Ergriffenheit und die Bewunderung der Franzosen gefunden hätten, wie es sich gehört. Bei den Zeitungsschreibern, welche die innere Haltung des Volkes bestimmen, wären sie bestens verzeichnet worden.

Es ist für ein Land gefährlich, wenn es im normalen Zustand, d. h. im Frieden, Gefühle nicht mehr kennt, die – mehr als das Denken – »die ganze Würde des Menschen« ausmachen.

Von denen, die die öffentliche Meinung formen, muß man daher auch verlangen, nicht zu offen zu zeigen, daß sie im geheimen die Seelengröße lächerlich finden. Man muß von ihnen verlangen, nicht über ein gewisses Maß hinaus den sittlichen Pegelstand des Friedens zu senken, ohne sich darüber klar zu werden, in wessen Nutzen sie es tun. Man muß es von ihnen verlangen im Namen des Friedens!

∽

P.S. Unter den Pressekommentaren zum obigen Artikel hebe ich einen hervor, der ihn als den Standpunkt eines »Ästheten« deutet. Und einem anderen Zeitungsschreiber dient Dimitriews Selbstmord als Anlaß zum Witzereißen: »Nach dem patriotischen Selbstmord der französisch-russische Selbstmord!« Welch würdige Antwort auf: »Ich sterbe für Frankreich ...!«

Herr X. schreibt im »Temps«: »Dimitriew, der in einem Restaurant Teller spülte und in einem erbärmlichen Loch wohnte, verkleidete vielleicht seine Mutlosigkeit als Heldentum und benutzte die Gelegenheit, um ein seit langem beschlossenes Ende in Schönheit zu begehen. Schwärmerei verdient selten Bewunderung.«

Hatte ich nicht recht, als ich sagte, daß es nur ums Herabsetzen geht? Um nicht bewundern zu brauchen, fliegt der Geist wie ein Pfeil nach einer solchen völlig frei erfundenen Erklärungsweise hin, wo der wirkliche Anlaß zur heldenhaften Tat gemein wird. Dimitriew verkleidet mit Heroismus, was keiner ist, und nützt eine Gelegenheit aus ... Also ein Schwindler und gerissener Kerl. So zurechtgestutzt gehört er ganz zu uns. So ist er niemand mehr im Wege!

Herr X. wünscht aber abschließend die Auferstehung des Wortes »Ehre«: Und zwar in folgenden Wendungen: »Wenn es einen nutzbringenden

Snobismus gibt, ist es nicht jener?« Die Definition des Jahres 1933 von »Ehre« ist also: »*Snobismus und Schwärmerei*«. Wir wissen nun Bescheid!

Und ich komme auf die Schlußfolgerung meiner Ausführungen zurück.

Wenn ich einmal schreiben würde, daß im Kriege schließlich jedermann alles mitmachen muß, wenn ich also einmal wie Herr X. auf Dimitriews Tat reagierte und um jeden Preis alles herabsetzen wollte, dann kann ich mir gut vorstellen, mit welcher Behendigkeit Herr X. diese Äußerungen anprangern würde!

Man will »den Krieg entehren«. Dabei wird das Heldentum des Alltags bestritten, verspottet und angegriffen. Während man jeden Frontkämpfer ganz von selbst für einen Helden hält.

Und dann wundert man sich, daß viele junge Leute meinen, sie könnten ihr Bestes nur im Kriege leisten. Wen trifft die Schuld?

@@

Als ich zehn Jahre alt war, ließen meine Eltern mir einen Ring anfertigen, einen massiven, glatten, sehr dicken Goldring, der so breit war (einen Zentimeter), daß meine Erzieherin ihn nicht ohne Bitterkeit »Ihr Ofenrohr« nannte. Ein solches Geschenk mag den Franzosen seltsam erscheinen, aber man denke daran, daß in Spanien die Knaben der guten Gesellschaft oft Ringe von hohem Wert tragen (und ich kannte einen reizenden Knaben, der einen Ohrring mit einem Türkis trug). In dem Ringe stand folgender Wahlspruch eingraviert: *Die Ehre über alles.*

Sechs Jahre später regte sich meine Mutter eines Schülerstreiches wegen gewaltig auf. – Gib mir deinen Ring!

In der nächsten Woche gab sie ihn mir zurück. Aber der Wahlspruch stand nicht mehr darin. Sie hatte ihn durch einen Goldschmied beseitigen lassen.

Ich ging zur Toilette, öffnete den Abortdeckel und warf den Ring hinein.

Nach einiger Zeit fragte mich meine Mutter: »Trägst du deinen Ring nicht mehr?« Ich erzählte ihr, was ich mit ihm gemacht hatte. Meine Mutter, die noch jung war und leicht errötete, wurde purpurn und erwiderte nichts. Nie mehr wurde von dieser Geschichte gesprochen.

Immerhin fragte ich mich, welchen Sinn das Wort Ehre für ein Kind haben kann.

Als ich in den Flegeljahren war, sagte man mir wohl, daß die Ehre über allem stehen muß. Aber man sagte mir nicht, was die Ehre ist. Und die einzige Deutung, die ich kannte, war vielleicht nicht ganz angebracht. Tatsächlich ließ mich etwas später, etwa um mein fünfzehntes Lebensjahr, meine Großmutter mütterlicherseits, eine Enkelin der Herzogin von Duras, eines Tages einen Brief lesen, den Chateaubriands Freundin an ihre Mutter gerichtet hatte. In jenem Briefe fand ich diese Satz, von dem ich zu sagen wage, daß er auf einen bestens vorbereiteten Boden fiel: »Die Ehre besteht darin, dort unnachgiebig zu sein, wo die anderen nachgeben, und dort nachzugeben, wo die anderen unnachgiebig sind.«

Verdammt! Die Ehre wäre also nur Widerspruchsgeist, der sich mit einem Federbusche ziert?

Laßt die Kinder nicht mit dem Feuer spielen! Aber ebensowenig mit den großen, empfindlichen und scharfgeschliffenen Worten!

◎◎

Stendhal sagt, daß im Kampfe Europas gegen Napoleon die Spanier das einzige Volk gewesen seien, das keine *dumme Ehre* an den Tag gelegt habe.

Aber kann man es Dummheit nennen, wenn man dem Gegner aus freien Stücken einen Vorteil über sich einräumt, weil man das Bewußtsein seines eigenen Edelmutes dem Siege vorzieht? Man hat abgewogen und gewählt, was man vorzieht; und so kann man es unmöglich Dummheit nennen.

◎◎

In einem der römischen Briefe von Henry de Riancey las ich:
»Wir dienen der Ehre, der Lust und nicht dem Nutzen.«
Ehre. Lust. Selbstlosigkeit.
Wie lang hallen diese drei Worte in mir nach! Und daß er vor allem nicht das zweite vergaß!

◎◎

Es wäre interessant, die Linie zu verfolgen, die vom Rittertum bis zum Sport führt, zum »fair play« und dem klaren Gefühl der Sportsmänner, daß der Sieg nicht das Wesentliche ist. Es wäre zu versuchen, welche Dosis ritterlichen Geistes der Sport vertragen kann, – eine im Grunde recht schwache Dosis. (Stellen wir uns einen Boxer vor, der aus ritterlichem Geist nicht ausnützte, daß sein Gegner ungedeckt ist! Gut für eine Zirkusnummer!)

Es wäre auch interessant, die Linie zu verfolgen, die vom Kampfgeist des Rittertums bis zur Lehre der Nichtverteidigung führt. Sehr bezeichnend für den Geist des Rittertum ist es, keinen Vorteil auszunützen, – und das unter den verschiedensten Vorwänden. Man erkennt die logische Folge von dort bis zur Verachtung der Selbstverteidigung. Das Sichnichtverteidigen der Adligen während der Revolution war zweifellos Blutverdünnung und »Kultiviertheit«. Aber ich möchte annehmen, daß sie geglaubt haben, sich zu erniedrigen, wenn sie sich gegen die »Kanaille« verteidigt hätten. Was tut ein Mann von Stand, der in die Untergrundbahn einsteigen will in den Stunden des Andrangs? Er wartet, während sich die anderen auf den Wagen stürzen, und steigt als letzter ein – oder er bleibt auf dem Bahnsteig zurück.

Ich will keineswegs eine Verteidigungsrede halten für das von Viviani 1914 angeordnete Zurückweichen um zehn Kilometer. Aber man muß zugeben, daß es die äußeren Zeichen einer ritterlichen Tat trägt, die vielleicht einzig dasteht auf dem Gebiet der internationalen Moral.

∞

In »Der Halbgott oder die griechische Reise« schreibt Jacques de Lacretelle über Sparta:

»Die Vorstellung der großen Taten weckte in mir niemals Begeisterung, noch lehrte sie mich die Kraft. In jeder heroischen Tat sehe ich sofort den Mann, der sie tut, und das Beispiel bricht zusammen. Warum? Ist es Hochmut? Nein, etwas anderes; und das ist ein schreckliches Geständnis: ich liebe die Menschen nicht genug, um die Beispiele, die sie mir geben, zu bejahen. Wenn sie sich als Vorbild hinstellen, erinnere ich mich des Stoffes, aus dem sie gemacht sind, und ein alter Ekel vor diesem Stoff zwingt mich, die Idee zu verwerfen, die ihr Mund ausspricht. Ich weiß auch, wie sehr etwas in ihnen diese edle Art Lügen straft und sich gegen die vorbildliche Tat sträubt. Das genügt und ich wende mich ab.«

Lacretelle sagt: die »heroische Tat«, das »Vorbild« und dann »die Idee, die ihr Mund ausspricht«. Also werden Taten und Worte gleichermaßen verhöhnt.

Anfangs ist man versucht, ihm die Worte noch zu überlassen wegen eines Ausspruchs von Plutarch über Demosthenes, »der eher die Tugenden seiner Vorfahren zu loben als nachzuahmen vermag«. Aber ließe man ihn dabei nicht zu gut wegkommen? Ich denke stets an die Ergriffenheit, die mich als Jüngling bei dem Wort des sterbenden Bayard erfaßte, wie er zu seinem unehrenhaften Sieger sagte: »Ich weine nicht über mich, sondern über Sie.« Unter seinem gewaltigen Eindruck war ich bereit, mich durch eine Tat in die strahlende Bahn der Befreiung zu stürzen, die es mir auftat. Doch handelte es sich nur um ein »historisches Wort«, das sogar als verdächtig galt; aber ich erbebte dabei, wenn ich auch nicht daran glaubte.

Wenn Worte diese Macht bewahren, wie mag es dann mit den Taten stehen? Lesen wir jedoch noch einmal jenen außerordentlichen Satz: »Ich liebe die Menschen nicht genug, um die Beispiele, die sie mir geben, zu bejahen.« Ja, wenn *ich* das geschrieben hätte!

Wenn der Stoff, aus dem die schöne Tat entsproß, Ekel verdient, wie Lacretelle versichert, worin wird dann die Tat an sich entkräftet? Jenes Etwas im Menschen, das sich gegen die aus ihm entstehende schöne Tat sträubt, vermindert in meinen Augen nicht nur nicht diese Tat, sondern macht sie um so wunderbarer und liebenswerter. Darüber hinaus wird sie gerade dadurch vorbildlich, denn sie beläßt uns die Hoffnung, daß auch wir ihrer fähig sind, da sie aus einer so unvollkommenen Ordnung hervorging. Ein Mensch von seelischem Rang kann sich ununterbrochen auf hoher Ebene halten und gelegentlich von dort herabsteigen. Es gefällt mir, ihn herabsteigen zu sehen, falls ich weiß, daß er mühelos wieder hinaufsteigen kann, wenn seine Laune vorüber ist. Denn, wenn er seine Fähigkeit zeigt, von der einen zur anderen Ebene zu schreiten, und zwar ohne Vorbedacht und ohne Geziertheit, die Virtuosität verrieten, sondern ganz natürlich, dann offenbart mir diese Fähigkeit den Reichtum, die Gewandtheit und die Spannweite seiner Seele. Die Engel steigen die Jakobsleiter auf und nieder, sie fassen Fuß auf der irdischen Erde und tauchen den Zeh in reizenden Schmutz; sie bleiben nicht in ihren Wolkenhöhen.

Beugen wir also Seele und Geist vor der vorbildlichen Tat, die sich unter Kämpfen aus erbärmlichem Stoff herauswindet! Die Seele: weil durch den Kampf diese Tat ergreifender wirkt. Den Geist: weil eine solche Tat, wenn sie mit ihrem Gegenteil wie ein Ding mit seinem Schatten vereint ist, uns in ihrem Träger nicht jene Art Halbgott erkennen läßt, wie ihn der Mensch darstellt, der nur in einer Richtung strebte, sondern das große und edelmütige Menschentum, das allein den Namen heroisch verdient.

Lacretelle gestand mir übrigens, nach der Veröffentlichung jener Zeilen, daß er heute doch gern ein großes Beispiel bejahe, das ihn nicht persönlich ergreife, wenn es nur einigen anderen von Nutzen wäre. »Was mich an diesen ›großen Taten‹ abstieß«, sagte er mir, »waren die Legenden, die sie hervorrufen, jener goldene Schein, hinter dem die Wahrheit verschwindet ...« Zugegeben, – aber was wäre nicht hinter goldenem oder grauem Schein verschleiert? Dieser Schein ist eine der chemischen Komponenten der sittlichen Luft, in der wir leben. Nähmen wir aus dem Gemeinschaftsleben die Lüge, so könnten wir die Menschen seelisch sterben sehen, wie sie auch mit gutem Grunde stürben, wenn man der Luft, die sie umgibt, den Sauerstoff entzöge.

III Die Besonnenheit und der sinnlose Tod

(Vortrag vor den Offizieren der Kriegsakademie am 15. November 1933)

Herr General!
Meine Herren!

Was ist ein Literat? Zu oft jemand, der zu gefallen sucht.

Er schreibt nicht ganz einfach das, was er glaubt, sondern das, was seiner Ansicht nach gefallen wird. Er lächelt das Publikum an, das ihn dafür wieder anlächelt. Das dauert seine Zeit. Dann stirbt er und versinkt in dem Abgrund des Vergessens.

Als Vortragsredner sucht ein Literat doppelt zu gefallen. Er muß also Urteile aussprechen, die seinem Publikum angenehm sind. Er muß zudem auf seine Krawatte und die Bügelfalte seiner Hose achthaben, denn das sind Dinge von höchster Bedeutung in einem Vortrag vor der eleganten Welt.

Ich will Ihnen einen Ausspruch mitteilen, für dessen Wahrhaftigkeit ich bürge. Ich plauderte mit einem Veranstalter von Vorträgen, einem übrigens vortrefflichen Manne. »Welche Art von Vorträgen gefällt am meisten in Ihren Veranstaltungen?« fragte ich ihn. »Die schaumschlägerhafte«, antwortete er mir ohne zu zögern und sehr ernst. »Zum Beispiel ...« Ich dachte nun, er würde mir die Namen von Humoristen nennen. Aber diese Namen – er zitierte deren drei – waren wirkliche Schriftsteller, die überall Ansehen genießen.

Ich schloß daraus, daß die Schriftsteller, die sich selbst achten, wenn sie schreiben, die Selbstachtung nicht mehr für nötig halten, wenn sie öffentlich reden.

Aus diesen Gründen vergingen sieben Jahre, ohne daß ich einen Vortrag hielt.

Ich danke Ihnen, meine Herren, für die Ehre, die Sie mir mit Ihrer Einladung bereiten. Aber mehr noch danke ich Ihnen dafür, daß Sie mir gestatten, ohne Gefallsucht öffentlich zu reden: als Mann, der zu Männern spricht.

Ich glaube nicht, daß es irgendeinen Lebenskreis gibt, in dem ich mich mehr zu Hause fühle als bei Ihnen. Pompejus erhielt als Grabstein nur einen leichten Sandhaufen, den ein junger Freigelassener und ein alter Legionär aufschichteten. Wünschte ich mir ein Grabmal, was durchaus nicht sicher ist – obwohl ein Grabmal aus Sand vergänglich wäre –, möchte ich es aus keinen anderen Händen empfangen als denen eines Kindes und eines Soldaten.

Als Mann, der zu Männern spricht. Aber auch als Mann, den die schöne Beredsamkeit anwidert, zu einer Kaste von Männern, der man allgemein den gleichen Abscheu nachsagt. Es ist eine der großen Armseligkeiten der menschlichen Natur, daß die Menschen hierfür oder dafür begeistert werden, bloß weil einer von ihnen die Gabe besitzt, glatte Sätze zu bauen, und weil er es versteht, in der rechten Art zu gestikulieren.

Ich möchte Ihnen von der Besonnenheit sprechen. Aber meine Gedanken darüber muß ich zuerst durch ein paar Worte klarmachen, die ich Ihnen über eine bestimmte Art von Taten sagen möchte; und diese Taten stellen eine genaue Verneinung solcher Besonnenheit dar.

Die notwendige Einleitung zu einer Lobrede auf die Besonnenheit muß mit allem Nachdruck hervorheben, daß es für einen Zivilisten ganz genau so wie für einen Soldaten gut sein kann, sein Leben freiwillig hinzugeben.

Das trifft zunächst zu, wenn man glaubt, daß jene Tat andere Menschen bessern wird.

Das trifft für die berechnete Unbesonnenheit des Offiziers zu, der dadurch seine zögernden Soldaten mitreißen oder ihnen die fast übernatürliche Wesensart des Offiziers beweisen will.

Das trifft für den Offizier zu, der sich mitsamt seinem Bunker, der dem Feind in die Hände fällt, in die Luft sprengt, oder der sich erschießt, weil seine Leute nicht durchhielten; trifft für den Kapitän zu, der als Letzter an Bord eines Schiffes bleibt und mit ihm untergeht.

In Japan schlitzt sich der Lehrer den Bauch auf, um seinen Schüler, dessen Lebensführung liederlich wird, aufzurütteln und ihn zum Nachdenken zu zwingen. Eine junge Gattin tut das gleiche, weil sie ihrem Manne, einem Offizier im Felde, Anlaß zu Sorgen gibt, und weil sein Dienst darunter leidet. Ein hervorragender Mann, der die Politik der Regierung tadelte, schreibt dem Kaiser einen Brief, schildert ihm darin seine Besorgnisse und tötet sich, um seiner Mahnung größeres Gewicht zu verleihen.

Andere töten sich in der deutlichen Absicht, ihren Mitmenschen einen seelischen Nutzen zuteil werden zu lassen; zum Beispiel aus mystischem Grunde wie jener ehemalige russische Offizier, der, als er als Tellerwäscher in einem Pariser Restaurant die

Nachricht von der Ermordung des Präsidenten Doumer durch einen Russen erfuhr, sich aus dem fünften Stockwerk stürzt und nur einen Fetzen Papier zurückläßt mit den Worten: »Ich sterbe für Frankreich.« Nebenbei bemerkt, stellte ich dann fest, daß diese Tat von den Franzosen wenig geschätzt wurde. Sie erscheint mir dennoch sehr schön. Wie fühlt ein Katholik, dem die Mystik des Loskaufs vertraut ist, nicht ihre Schönheit? Sind wir zu ausschließlich vernunftgläubig?

Mitunter kann es vorkommen, daß derjenige, der sich tötet, um die völlige Nutzlosigkeit seiner Tat weiß. Wenn man ihn fragte: »Warum tust du das?« gäbe er vielleicht die Antwort: »Für meinen Ruhm«, also: für den Ruhm, mit dem er sich selbst bekränzt, jenen, den der heilige Chrysostomus »den Ruhm, den man im eigenen Gewissen findet«, nannte. Oder vielleicht antwortete er auch wie einst das Domkapitel von Sevilla, als es den Bau der Giralda befahl: »Machen wir etwas Derartiges, daß die Welt uns für verrückt hält«; oder auch einfach: »Weil es mir Spaß macht.« Und wirklich, so ist es: er opfert sich aus Vergnügen. Welches derart einflußreiche Vergnügen hat er denn dabei? Das Vergnügen, zur uneingeschränkten Selbstverwirklichung zu gelangen und sie auf höchste Art zu krönen; wer nur das Leben besaß, besaß es nicht. Er aber gelangte auf den Gipfelpunkt seines Lebens; er bedeckte ihn mit ewigem Schnee, der noch sichtbar sein wird, wenn sein Leben nicht mehr sichtbar ist. Ist das alles? Es geschah auch aus Freude, seine Unabhängigkeit gegenüber der Natur zu beweisen, indem er an ihre Stelle trat. Und ich erwähne nur nebenbei das Vergnügen, sich über das Gewöhnliche zu erheben. Mit einem Lächeln der Überlegenheit versinkt er.

Ich hoffe, daß Sie mich recht verstanden haben: ich sprach von freiwilligem Sterben, das jeweils aus edlen Gründen freiwillig war. Es handelt sich keineswegs um den Selbstmord des Menschen, der einer ihn erdrückenden Lebenswirklichkeit entgehen will: das ist immer ein bedauernswertes Ereignis, das vor allem Schweigen verdient. Jawohl! Wir glauben, daß der Freitod aus edlen Gründen den Hort eines Landes an seelischen Gütern vermehrt oder seinen Stolz stärkt; wir glauben, daß es sträflich ist, ihn zu schmähen, wie es nur zu oft im Frankreich von heute geschieht. Gibt ein Mensch derart sein Leben hin, ordnet er sich in ein Gesetz ein, das sich von den gewöhnlichen Lebensgesetzen ebenso unterscheidet und ebenso über ihnen steht, wie z. B. die Zärtlichkeit sich von der reinen Sinnlichkeit unterscheidet und über ihr steht. Mache ein jeder hier seine Vorbehalte, wenn er es für richtig hält: wir aber finden es schändlich und hassenswert, daß der Mensch, der auf sein Leben verzichtet, zuerst einen Tadel erhält, der sich manchmal sogar in Witzen verkleidet.

In geradem Gegensatz zu diesen freiwilligen Toten erhabener Art stehen zahllose Tote, Menschen, die weder die Absicht hatten, zu sterben, noch Geschmack daran fanden, und deren Tod nur verschuldet wurde durch ihre Achtung vor den Menschen, ihre mangelnde Bewußtheit oder ihre Leichtlebigkeit; sie starben ohne irgendwelchen Nutzen, während sie im Leben zu etwas gedient hätten.

Ich finde, daß in Frankreich die öffentliche Meinung jenen Selbstmorden gegenüber nicht streng genug ist, und daß unsere Pflicht erheischt, sie auszutilgen.

Sahen Sie niemals in einem Hafen das Boot eines Fährmanns, in das Leute einsteigen? Leute in ihrer Freizeit, – ich spreche nicht von Leuten, die zu einer bestimmten Stunde an einem bestimmten Ort sein müssen. Das Boot ist überladen, und immer steigen noch welche ein. Man setzt sich einander auf die Kniee, die Jungen treiben ihren großtuerischen Unsinn und stellen sich auf den Bootsrand. Der Bootsrand ragt nur noch einige Zentimeter aus dem Wasser. Je mehr einsteigen, um so größer ist das Gelächter.

Sind solche Leute mutig? Nein, sie sind töricht. In gehobenem Stil: sie wissen nicht, was sie tun. Das ist die Herde des Panurg, der auf einem Schiff aus der Herde eines Kaufmanns den Leithammel ersteht und ihn ins Meer wirft: Die ganze Herde springt hinterher und ersäuft, und zuletzt auch der Kaufmann.

Der Schiffer aber – angenommen, er begreift die Gefahr, was keineswegs sicher ist, denn die »Fachmänner« sind schlimmer als die anderen – nimmt das Risiko auf sich, die ganze Gesellschaft und sich selbst zu ersäufen, weil ihm das zehn Franken mehr einbringt. Dabei ist gerade seine Art sehr bezeichnend für unsere Zeit.

Nehmen wir nun an, daß Sie in Begleitung all der Kameraden, die auch in das Boot einsteigen wollen, sagen: »Nein, ich steige nicht ein.« – »Und warum denn?« – »Weil es gefährlich ist.« Man wird Sie auslachen, man wird Witze reißen. Sie werden sehen, wie Frauen und Kinder lächelnd das vormachen, was Sie fürchten. Und vielleicht werden Sie, so besiegt, sich selbst verraten und einsteigen.

Wenn nun danach das Boot kentert, ergreift mich ein menschliches Gefühl von Mitleid und Schrecken. Aber schließlich muß ich doch klar sagen, daß ich manche jener Leichname nur halbwegs achten kann.

Wir wollen mit Nachdruck betonen: ein Mann zeigt dann rechten Mut, wenn er mit seiner Phantasie und seinem Urteil erkennt, daß er sein Leben aufs Spiel setzt und daß das ohne zwingenden Grund geschieht – weder aus Pflicht, noch aus Notwendigkeit, noch aus einer jener edlen Eingebungen, von denen wir gerade gesprochen haben – wenn er unter diesen Umständen sich weigert, sein Leben aufs Spiel zu setzen trotz all der Menschen um ihn, die ihn tadeln.

Er beweist den Mut, dessen es bedarf, um sich als Feigling angeprangert zu sehen. Denn die Furcht, als Feigling zu gelten, macht oft zum Feigling. »Grundsätze falschverstandenen Ehrgefühls, die soviel Unheil bei uns angerichtet haben«, nennt es Bossuet.

Dem Stachel nachgeben, heißt den anderen auf ihr Gebiet folgen; heißt sich gängeln lassen. So wollen wir also das Fehlen von Selbstliebe manchmal für Tugend halten, als ob es immer Charakterstärke bewiese, die anderen reden zu lassen.

Er zeigt den erforderlichen Mut, um nicht jenen

Schrecken vor dem Alleinsein nachgeben zu müssen oder nur davor, in der Minderheit zu sein. Und das ist eine der schwärenden Wunden des heutigen Frankreich.

Es gibt einen berühmten Satz, gegen den ich mich immer empörte: er behauptet, es sei eine große Verrücktheit, ganz allein vernünftig sein zu wollen. Das ist eine Rechtfertigung des Massenmenschen, die uns aus der Feder von La Rochefoucauld betrübt. Man kann gegen das gesamte Weltall richtig denken oder richtig urteilen oder richtig handeln. Sich für irgend etwas mit einem »Alle anderen taten es auch« zu entschuldigen, ist nicht das Wort eines Mannes.

Es gibt auch eine Meinung, die sagt: wer ein Unheil voraussieht, beschwört es herauf. Das ist die Meinung des Vogels Strauß. Lassen wir den beiseite.

Wir wiederholen: die Gründe für soviel vergeudetes Sterben, das weder irdischen noch seelischen Nutzen eintrug, sind mangelnde Bewußtheit, Sichgehenlassen und die Scheu vorm Urteil der anderen. Mangelnde Bewußtheit: sie ist das Gegenteil der Klarsichtigkeit, jenes Ruhmestitels des Menschen; Sichgehenlassen: die Faulheit, Vorsichtsmaßnahmen zu ergreifen – also Feigheit; und die Menschenfurcht, die auch einfach Feigheit ist. – Scheint Ihnen nicht, daß über jenes vergeudete Sterben damit das Urteil gefällt ist?

Nichts macht es notwendig, die Gallier zu körperlichem Mut anzufeuern – (mit dem seelischen Mut liegt es ganz anders). Das wäre unangebracht und lächerlich: sie besitzen ihn immer in ausreichendem Maße. Aber man muß sie vielleicht zur Besonnenheit anfeuern. Sie kennen jene sprichworthaften Bilder, die aus Mode in die Amtsstuben gehängt wurden. Ich wünschte ein solches, das sagte: »Man erniedrigt sich nicht, wenn man seine Sicherheiten wahrnimmt. Man erhöht sich damit.«

Im Hinblick auf Sie, meine Herren, schrieb Fock: »Zwingt sich uns der Begriff der Sicherheit nicht mehr denn je auf?« Es handelt sich da um Sicherheit im militärischen Sinne. Aber man kann diesen Sinn erweitern, ohne deswegen dem Gedanken des Marschalls untreu zu werden.

Die Frage der Sicherheit ist immer die letzte, um die man sich in unserem Lande kümmert. In der Theorie beschäftigt man sich mit ihr. Doch die Anwendung wird vernachlässigt. Der Franzose hält es für seiner nicht würdig, an den Tod zu glauben. Immer ist er baß erstaunt, wenn er sieht, daß das Meer verschlingt, daß das Feuer brennt, daß die Leere ansaugt, daß die Maschinen, die der Mensch erfand, nicht unfehlbar sind, – und sobald er sich beherrscht fühlt, sagt er: »Das ist nicht ausgemacht gewesen ...! Das ist unglaublich!« Der Tod packt ihn, während er protestiert. Er hatte keine Zeit, sich zu fürchten.

Man sagt: »Das ist der nationale Charakter.« Das heißt: »Das ist geheiligt.« Denn die Nationen verehren – wie auch die Einzelmenschen – nur ihre Fehler. Man macht schöne Worte darauf: »Das Besonnenste in Frankreich ist der Mut«, sagte der Zeitungsschreiber Girardin.

Ich antworte: »Es handelt sich nicht um nationale Eigenart. Es geht darum, zu erkennen, ob diese Sorglosigkeit ein Vorzug oder ein Unheil ist. Und wenn sie ein Unheil ist, muß dagegen angekämpft werden.«

Man sagt weiter: »Der Franzose kann sich den Luxus der Sorglosigkeit erlauben. Er wird sich immer aus der Patsche ziehen.« Ja, – auf Kosten wie vieler Toter? Sofern er nicht selbst dabei draufging.

Man sagt ferner: »Ihr habt also Angst?« Und Sie wissen, was ich von jenem Wort denke. Ich wünsche Ihnen – fast hätte ich gesagt: ich rate Ihnen – daß Sie es niemals aussprechen. Jenes Wort mordet. Am Strande unserer Seebäder befinden sich Bars und Jazzkapellen. Aber weder Rettungsgeräte, noch Mannschaften – oder, wenn es Geräte gibt, sind sie nicht im Schuß, und wenn es Mannschaften gibt, sind sie in der Kneipe.

Unsere Straßen sind infolge des unsinnigen Überholungswahns mörderisch geworden. Viele Menschen ließen sich ohrfeigen und sagten noch danke dazu, sie schlängen Gott weiß was hinunter – nur nicht den Staub des vorausfahrenden Wagens. Sie würden das gesamte Weltall zusammenfahren, nur weil ein Frauenzimmer ihnen sagt: »Von diesem Idioten willst du dich abhängen lassen?«

Und es kommt vor, daß die gleichen Leute, die vom Leben ihrer Mitmenschen und ihrem eigenen Leben so wenig Aufhebens machen, geneigt sind, Ihnen die Augen auszukratzen, wenn Sie von der Möglichkeit eines neuen Krieges sprechen. Es scheint, daß ihnen alles wertvoller dünkt, als sein Leben für eine manchmal heilige Sache aufs Spiel zu setzen, – während sie das Leben alle Tage riskieren für nichts und wieder nichts, aus Dummheit und Leichtsinn.

Wenig lohnt es sich, über die mangelnde Voraussicht und Unbesonnenheit der Zivilbevölkerung gegenüber der Gasgefahr zu reden. Darin erkennen wir allerdings eine besondere, neue und wahrhaft bemerkenswerte Form der Unbesonnenheit: die Unbesonnenheit wird hier zum Dogma eines politischen Glaubensbekenntnisses erhoben. Zeitungsschreiber machen die Leute lächerlich, die Gasschutzmaßnahmen lernen; Beamte, die die Bevölkerung betreuen sollen, weigern sich, Maßnahmen gegen die Gasgefahr zu ergreifen, und liefern ihr lieber unverteidigt die Lebenden aus, für die sie verantwortlich sind, als daß sie Vorsichtsmaßregeln ergreifen: denn solche Maßnahmen setzen den Krieg voraus, und den Krieg vorauszusetzen, ist ihrer Meinung nach eine reaktionäre Haltung. Dieses ungeheuerliche und verbrecherische Paradoxon beherrscht das Frankreich von heute.

Italien baut Autostraßen. Deutschland baut Autostraßen. Also wird auch Frankreich Autostraßen bauen. Verdammt, vor den Autostraßen müßte in Frankreich erst überall die Sicherheit organisiert werden: zunächst Sicherheit gegen Gas, dann Sicherheit der Ozeandampfer, der Flugzeuge, der Seebäder, des Straßenverkehrs.

Und daneben ist eine moralische Rüstung notwendig, die die Leute erst einmal gegen sich selbst verteidigen sollte, indem sie, was allerdings unumgänglich ist, an Stelle ihres Erhaltungstriebes tritt, dessen Stärke man rühmt und der doch so schwach ist.

Ich mache mir keinesfalls eine übertriebene Vorstellung vom menschlichen Leben, wenn es sich um Menschen ohne besonderen Wert handelt. Obwohl der Tod selbstverständlich eine Prüfung darstellt, die der Beachtung würdig ist, stelle ich mich nicht auf den Standpunkt des Mitgefühls, sondern auf den französischen Standpunkt. Nicht das Verschwinden eines Lebens beunruhigt mich, sondern vielmehr die Verknappung jener französischen Lebenssubstanz, die wahrhaftig nicht so groß ist, daß wir mit ihr verschwenderisch umgehen dürfen und in der morgen noch mehr als heute auch das kleinste Leben uns fühlbar fehlen wird.

Wenn ich zu Ihnen nicht mehr vom Soldaten sprach, meine Herren, geschah es aus der Befürchtung, mich auf ein mir nicht genügend vertrautes Gebiet zu begeben.

Ist es mir aber erlaubt, vor Ihnen auszusprechen, daß das unbestreitbare Ergebnis meiner Kriegserfahrungen in der beträchtlichen Anzahl solcher Toter liegt, die weder die Tat noch der Ruhm erforderten?

Und gibt es gegenwärtig bei unseren marokkanischen Operationen nicht eine zu große Zahl gefallener Offiziere – und zwar als Folge einer fruchtlosen Unbesonnenheit?

»Dieses Kaff dort soll gefährlich sein? Mit der Pfeife im Munde gehe ich hinein.« Man geht hin, kommt vielleicht zurück mit der Pfeife im Munde. Und dann beim dritten Male bleibt man dort.

Jener Mann besaß dennoch seinen Wert! Ja: seinen Wert! Wenn man bedenkt, welch unberechenbarer Summe kleiner alltäglicher Erfolge es bedurfte, um den Wert eines Mannes zu begründen, ist man fast versucht, jenem Manne von Wert, der sich so sinnlos vernichten ließ, böse zu sein.

Maßen sich solche Todesfälle, die materiell und seelisch vergeudet sind, nicht etwas von dem Ruhme an, der in dem Ausdruck liegt: »Gefallen auf dem Felde der Ehre«?

(Denn wir sind uns durchaus darüber einig – das betone ich nochmals –, daß wir von jenem Tode reden wollen, der ohne materiellen oder seelischen Nutzen ist.)

Sie werden mir sagen, daß es im Soldatenleben schwierig ist zu wissen, ob jener oder dieser Tod eines Führers einen seelischen Einfluß hat oder nicht. Zugegeben, es ist eine Frage der Artung. Aber alles ist eine Frage der Artung.

Schließlich ist es manchmal unmöglich, zu zweifeln. Wenn (um mich nur auf Marokko zu beschränken) in einer Gefahrenzone, die reich an Zwischenfällen ist, Wagen, die nur auf Sichtweite voneinander entfernt fahren sollten, stundenlang fahren und sich einander aus den Augen verlieren, wenn sie nachts fahren, obwohl das untersagt ist – und all die anderen gar nicht notwendigen Übertretungen! – wenn Offiziere sich einer Jagd wegen vier Kilometer von den Posten entfernen, von denen sie sich laut Verbot nicht mehr als fünfhundert Meter entfernen dürfen, gehören die dann unfehlbar eintretenden Unglücksfälle sicherlich zu jener Art von Tod, gegen die wir hier protestieren.

Ich kannte einen jungen Soldaten, der als Freiwilliger in den Weltkrieg zog, und der dem Manne, der ihn protegierte, schrieb, damit man ihn an die Front schicke: »Gleichgültig wohin, selbst wenn ich dort zu nichts nütze bin, sofern ich nur etwas riskieren muß«; und er fügte jenen ausdrucksvollen Satz hinzu, der mir im Gedächtnis blieb: »Bindet mich meinetwegen an einen Mast wie Odysseus, wenn es nur im Kugelregen geschieht!« Und Sie haben sicherlich auch solche Jungens gekannt, die weniger den Sieg als die Gefahr suchten. Nun, heute verstände ich durchaus den Soldaten, der seine Fähigkeit kennt und seine Tapferkeit bewiesen hat und nun jene bezaubernde Freude an der Gefahr opfern würde und in Umkehrung des erwähnten Wortes anstatt: »Laßt mich etwas riskieren, selbst wenn ich zu nichts nütze!« den Mut hätte, zu sagen: »Laßt mich nützlich sein, selbst wenn ich nichts riskiere!« Ich sage nicht, daß ich jemand unbedingt tadle, der durch seinen Tod Verzeihung für seine Wertlosigkeit erwirken will, wie es unser Freiwilliger wünschte; der Federbusch an solcher Haltung mißfällt mir nicht. Wenn man keinen Wert besitzt, ist es aber doch besser, danach zu streben, daß man ihn erwirbt. Mit seinen zwanzig Jahren hatte unser Freiwilliger damals nicht begriffen, wie sehr es Leben und Tod herabsetzen heißt, wenn man im Grabe nur einen Weg sieht, sich aus der Affäre zu ziehen.

»Das ist wegen seiner Besonnenheit schön«, sagte irgendwo Sainte-Beuve. Und jene Tugend der Besonnenheit ist in der Tat schön, meine Herren! Nicht zufällig hat ihr Name die gleiche Wurzel wie ein Wort, das Jahrhunderte hindurch die Menschen aufs Knie zwang: die Besonnenheit (*prudentia*) ist die kleine menschliche Schwester der *providentia*, der Vorsehung. Jene doppelgesichtige Tugend – denn sie ist ja gleichzeitig Vorhersehen und Vorhersorgen – ist nicht allein eine der vier Hauptsäulen der Moral, sie ist zugleich das architektonische Prinzip unserer Selbstbeherrschung, die praktische Auswirkung der Vernunft. Und Sie, meine Herren, sind wie Catinat die Geistesväter des Heeres; dank Ihnen steigt aus dem höchsten Rate jener Gedanke, der den Krieg beseelt, und Sie erhellen damit den Krieg in seiner Finsternis. XXX

»Der Krieg, jene von Finsternis bedeckte Wissenschaft ...« (Der Marschall von Sachsen.)

Wenn man aber wie Sie für Menschen verantwortlich ist, kann jene Tugend des Verstandes auch vom Herzen beseelt werden.

Gern finde ich das Herz bei Ihnen, Führer des Krieges! Großherzigkeit zu haben, das ist zu einfach; man hat sie für sich selbst: aber Gutherzigkeit hat man für die anderen. Vergessen vor allem Sie nicht, meine Herren, die Sie oft über Menschen mit einem einfachen Schachzug des Geistes bestimmen, wenn Sie in der Stille der Verantwortlichkeit – Ihrer doppelten Verantwortlichkeit: des Befehlens und des Gehorchens – auf Papier Befehlsworte niederschreiben, daß Sie alles eigentlich auf Fleisch von Menschen schreiben. Habe ich ein Recht, so zu Ihnen zu reden? Ich bin aber ein Teilchen jenes Fleisches gewesen, und das gibt mir das Recht zu solchen Worten. Wer wie Sie die Entscheidungen entwirft, hat noch mehr als die Ausführenden die Pflicht zur Besonnenheit. Mehr als bei den anderen rufen Ihre Entscheidungen schwerwiegende Folgen hervor. Es gibt ein Wort Tolstois: »Wenn ich eine bestimmte Art von Händen betrachte, frage ich mich manchmal: Was geschähe, wenn ich von einem solchen Menschen abhinge?« Und ich betrachte Ihre Hände, die jene Befehle unterzeichnen werden, und frage mich: Was geschähe, wenn ich von Ihnen abhinge? Wenn ich Offiziere sehe, denke ich – ehe ich nur ihr Bild mit dem Gedanken der Landesverteidigung zusammenbringe – an das tragische Recht über Leben und Tod, das ihnen über ihre Mitmenschen eingeräumt ist; und ich frage mich, ob es nicht einer Anschauung wie der vom »göttlichen Rechte« bedürfe, um es zu rechtfertigen, oder ob ihre Tugenden dazu ausreichen. Irgendwo schrieb ich: »Die Besonnenheit ist göttlicher Wesensart, wenn sie nicht nur über einen selbst, sondern über andere bestimmt.« Und wer bedauerte nicht die Zeiten, in denen man noch daran zweifeln konnte, ob es die höchste Vollendung Ihrer Kunst sei, den Menschen zu erhalten und das Bestmögliche hervorzubringen bei denkbar geringem Verbrauch jenes so edlen und reinen Stoffes, - ich will sagen: eines im Krieg so edlen und reinen Stoffes, denn im Frieden ist man weit von dieser Auffassung entfernt? Jenes Gesetz der möglichst kleinen Aktion, das Leibniz aus den Werken der Natur ableitet und das seinem Geiste die Existenz der Gottheit selbst offenbart, wäre besonders im modernen Kriege willkommen; denn in ihm sind die verwendeten Menschen keineswegs minderwertiger als in den Heeren früherer Zeiten, denn sie sind heute die Substanz des Volkes selbst.

Der Soldat erkennt sehr schnell, ob man sein Blut in Rechnung stellt oder nicht. Aber hier heißt es wiederum unterscheiden. Der Soldat, der sieht, daß er durch eine notwendige Kampfoperation zum Tode geführt wird, spricht zum Vaterlande, wenn er ein braver Kerl ist: »Dein Wille geschehe!« Sieht er, daß er durch einen Fehler seines Führers in eine Falle gerät, kann er den Führer entschuldigen: Wer unterliegt nicht dem Irrtum? Wenn er aber sieht, daß er ohne Sicherheitsmaßnahmen in jene Falle geführt wird, obwohl man sie leicht hätte treffen können, empört er sich im Innersten (so die Meutereien von 1917). Schenken Sie einem Manne Glauben, der unter solchen Umständen verwundet wurde: eher verzeiht man einem Führer ein irriges Urteil, und selbst Dummheit, als Unbedachtsamkeit!

Mehr als einmal sah ich übrigens, wie Unbesonnenheit in der Menschenführung zusammenging mit einem Mangel an Strenge ihnen gegenüber. (Jener Mangel an Strenge ist so häufig im französischen Leben.) Mit der einen Hand ließ man den Zügel locker, mit der anderen aber verursachte man ihren Tod. Hier und dort war es der gleiche Grund: Sichgehenlassen.

Muß ich Ihnen nun, meine Herren, von jener Eigenschaft sprechen, die die Besonnenheit ergänzt: von der Kühnheit? Davon sprach ich aber schon soviel in meinen Büchern! Und gerade weil ich es tat, konnte ich hier die Besonnenheit loben. Zu sagen, daß Besonnenheit und Wagemut einander nicht entbehren können, ist gewiß eine banale Wahrheit. Aber eine Wahrheit kann nicht genug betont werden, und lieber soll man mir vorwerfen, ich verfiele einem Gemeinplatz, als daß ich Gefahr laufe, einen Irrtum zu verteidigen. Der Wagemut, den man Leichtsinn und Verrücktheit nennt, wenn er scheiterte, und der Sie beim Erfolg zum höchsten Himmel erhebt, der Wagemut, der – das müssen wir festhalten – ebensoviel

Katastrophen wie Siege erzeugt, der Wagemut wird gerechtfertigt, und zwar hinreichend gerechtfertigt durch einen kurzen Satz mit wenig Worten; nämlich: »Wer nichts wagt, gewinnt nichts.«

Man kann und man muß ihn der Kritik unterwerfen; aber wenn man wirksam handeln will, wenn man siegen will, kommt immer ein Augenblick, in dem man gezwungen ist, alles kühn zu wagen, dem Zufall und dem Unwägbaren zu vertrauen und sich auf einer Ebene zu bewegen, die ebenso jenseits des uns vertrauten Weltalls liegt wie die Stratosphäre jenseits unserer Atmosphäre. Gestatten Sie mir eine persönliche Erinnerung. Als ich einst in Spanien mich auf die Weideflächen begab, um dort die jungen Stiere zu reizen, trug ich fast immer bei mir in der kleinen Fußballtasche ein Verbandspäckchen, Jod, Sicherheitsnadeln, Handtücher, einen unglaublichen Kram. So vereinte sich die äußerste Unvernunft, die darin bestand, jenen Biestern entgegenzutreten ohne die notwendigen Vorkenntnisse und ohne Übung, deren es bedurft hätte, um den Kampf mit gleichen Waffen aufzunehmen, mit äußersten Vorsichtsmaßnahmen, die wohl, so glaube ich, niemand getroffen hätte, der das wagte, was ich gewagt habe: wäre einer vernünftig genug gewesen, um jene Maßregeln zu ergreifen, dann hätte er zuerst einmal die Stiere in Ruhe gelassen. Und eine solche Verbindung von Gefühlen faßte ich in folgendem Satz zusammen: »Man soll verrückte Dinge tun, – aber mit dem Höchstmaß an Besonnenheit.« Mit dieser Formel möchte ich indessen nicht abschließen. Es ist nicht notwendig, verrückte Dinge zu unternehmen, oder es ist wenigstens nur manchmal nötig. Ich möchte jene Formel folgendermaßen umändern: »Man muß wagemutige Dinge tun, wenn man dabei einen materiellen oder seelischen Wert aufs Spiel setzt; aber wenn sie einmal beschlossen sind, muß man sie mit dem Höchstmaß an Besonnenheit durchführen.« Oder noch kürzer: »Man muß wagen und dabei auf der Hut sein.« Wagen! Auf der Hut sein! Mir scheint, ich fühle in meinem Körper diese beiden Regungen – einerseits Muskelanspannung, andererseits Entspannung – oder vielmehr diese beiden Seiten einer und derselben Regung, so sehr sind sie mit meinem innersten Wesen verbunden: wie Systole (Einheit) und Diastole (Zwiespalt) der Seele. Und ich füge hinzu, daß, ebenso wie beim Befehlen anfängliche Härte später ihre Anwendung erläßlich macht, sehr große Besonnenheit zu Beginn eines Unternehmens einem gewöhnlich gestattet, daraufhin frei auszuholen und sich einem Zustand der Inspiration hinzugeben.

All das sage ich Ihnen, meine Herren, mit großer Ernsthaftigkeit. Sie wissen wie ich und wohl besser noch als ich, was uns erwartet. Welche dunkle Nacht bricht herein! Welche düsteren Flügel, auf denen aber tiefste Lichter schimmern! Beklagen wir uns als Männer, die wir sind, nicht darüber, unter männlichen Daseinsbedingungen leben zu müssen: Kein schlechtes Los ist uns da zugefallen, und wenn ich meinen Gedanken uneingeschränkt zu Ende reden darf, ist es mir fast lieb, daß dort für die Hoffnung nicht viel Raum bleibt. »Sie werden wohl Worte der Hoffnung finden«, sagte mir jemand anläßlich dieser Plauderei. Es geht aber nicht darum, Worte der Hoffnung, sondern Worte der Wirklichkeit zu finden. Die Hoffnung ist der Wille der Schwachen. Ihr müßte man wie der Beredsamkeit den Hals umdrehen. Ich schätze den Wahlspruch des Kardinals von Bourbon hoch: »Weder Hoffnung noch Furcht«; er stellte die Hoffnung auf die gleiche Stufe wie die Furcht. Fröhlicher Pessimismus? Nein, abgeklärter Pessimismus, von jener Abgeklärtheit, die der Energie des Bejahens gleicht. Das Bejahen! Seit zwanzig Jahren antworte ich mit diesem Wort auf das Theater der Welt. Als sechzehnjähriger Schüler wählte ich mir in meiner Eigenschaft als Präsident der literarischen Akademie der Schule zum Thema eines Vortrages: die Bejahung. Was uns bedroht, mag abscheulich scheinen, aber es ist nichts Geringes. Es mag absurd erscheinen, aber es ist nichts Geringes. Noch edlere Gründe rechtfertigen uns, dazu »Ja« zu sagen. Der Zwist ist ebenso notwendig wie die Liebe; jene beiden Grundhaltungen bestimmen gegenseitig ihren Wert und schärfen einander. Ares und Aphrodite sind im gleichen Netz vereint, und ihrer beider Tochter heißt Harmonie. Bejahen wir doch ohne viel Aufhebens diesen hehren Wechsel von Ruhe und Aufruhr unter den Völkern, der wie das atmende Leben selbst erscheint! Pax et Bellum. Die alten Griechen stellen die Zeit in der Gestalt einer Schlange dar, um zweifellos anzudeuten, daß sie, im ewigen Winden um sich selbst, ständig erneut die gleichen Wechselfälle bringt. Man sollte nur auf diese Gegebenheit bauen. Zerschlagen wir die eitle Einbildung, daß die Nöte unserer Zeit außergewöhnlich seien; sie sind die unserer Väter und werden die unserer Söhne sein; der Trost bleibt uns, sie mit dem gesamten Menschengeschlecht zu teilen. Und schließlich zieht eine kraftvolle Natur ebensolchen Nutzen aus dem seelischen Schmerz wie aus dem Glück. Daher verursachen die heraufziehenden Prüfungen in mir nur eine oberflächliche – ich möchte fast sagen: gesellschaftspflichtige Unruhe; im Tiefsten kenne ich keine Überraschung. Es mag sein, daß unser Fleisch erbebt, daß unsere Nerven sich zusammenballen, – das hängt nicht von uns ab; aber unser Geist muß mit Befriedigung jene erhabene Gleichung begreifen, billigen und durchdenken, von der der Christengott uns einen Schimmer gab, als er sprach: »Ich werde zerstören, und ich werde aufbauen«, um verständlich zu machen, daß es auf jene beiden Handlungen nicht ankommt, und daß alle Erscheinungen, welche die Menschen als widersprechend beurteilen und über die sie sich so grausam erregen, doch nur gleiche Teile einer und derselben Wahrheit sind.

Damit gab ich Ihnen, meine Herren, eine etwas starke Ansicht, die deswegen aber keineswegs unmenschlich ist, wie es manche Leute draußen behaupten werden. Die Härte der Prüfung durch die Vernunft mildern, daß heißt ebenfalls – genau so wie das Öffnen der Schleusen im »Tränenreich der Seele« – der Natur zollen, was wir ihr schuldig sind.

Übrigens vermittle ich allein Ihnen, Führer des

Krieges, diese Ansicht. Ich wende mich nicht an andere, nur an Sie.

Aber mit der Beschwörung dieser Zukunft wird am besten unsere Rede abgeschlossen. Von einem Kriege sagen, daß er der letzte ist, oder daß er die »Vereinigten Staaten Europas« gebäre, sowie andere Albernheiten, das geschieht alles mit einem Strom von Worten; das wissen Sie zur Genüge. Von einem Kriege sagen, daß man ihn zur Verteidigung des Landes führt, das spricht man nur einmal aus oder auch überhaupt nicht, und alles ist damit gesagt. Hat man das morgige Ereignis an seinem Platz in der Weltordnung eingereiht, wie ich es versuchte, so weiß man wahrlich nicht mehr, was man darüber noch sagen soll, und ich glaube, daß nichts darüber zu sagen ist. Schon hebt das große Schweigen der Soldaten an.

Aus der Tiefe dieses Schweigens steigt noch ein Wort empor, bei dem ich Sie diesmal bitte unter dem Wort »Herr« das Höchste in uns selbst, den edelsten und herrlichsten Teil unseres Ich zu verstehen, der so hoch ist, daß er fast von uns losgelöst ist, wie die auflodernde Flamme nur durch einen Flammenfaden mit dem Docht verbunden ist. Wenn der Priester während der Messe sagt: »Erhebt eure Herzen«,

antwortet die Gemeinde: »Habemus ad Dominum« –
»Wir erheben sie zum Herrn.« Treten wir ein in diese
Erhobenheit und halten wir uns darin!

IV Der Schriftsteller und das öffentliche Wirken

(Ansprache in der Aula der Sorbonne bei einer dem Werk des Verfassers gewidmeten Veranstaltung am 15. Mai 1934)

Meine Damen und Herren!
Ich möchte Sie vor der steten Neigung des Publikums warnen, bis zum Überdruß die Eigenart eines Schriftstellers auf einen bequemen Hauptnenner zu bringen, und dann, wenn es ihn in ein Bild oder vielleicht in eine Rolle eingeschlossen hat, einen geheimen Druck auf ihn auszuüben, damit er sich hübsch ruhig in dieser Rolle verhalte, ja darin, was man in der Theatersprache das Rollenfach nennt. Der demagogische Geist bringt manchen Literaten dazu, auf dieses Spiel einzugehen. Sie sind überglücklich, wenn das Publikum ihnen Anweisungen gibt. Sie befolgen sie, ja, ich muß sagen, sie stürzen sich darauf; man möchte sie mit den Küken vergleichen, die bald nach links, bald nach rechts laufen, je nachdem, wohin die Bäuerin das Futter streut. Die Literaten werden ihrer Ähnlichkeit mit den Küken wegen beklatscht. Ganz üblicherweise hört man, wie einer

von ihnen ein Lob erhält, weil er den rechten Wind herausspürte und gerade im rechten Augenblick das Buch vorlegte, das man von ihm erwartete. Wenn ein Literat sich vom Publikum leiten läßt, ist es nur zu natürlich, daß das Publikum ihn dafür belohnt. Es kommt vor, daß es ihm als Belohnung den Titel eines »Führers« gibt.

Das genaue Gegenteil aber geschieht mit einem Schriftsteller, der dieses Namens würdig ist.

Daran erkennt man einen Schriftsteller, der diesen Namen wirklich verdient: ein wesentlicher Teil seines Selbst regt sich in ihm und fordert, daß er es ans Tageslicht bringe. Dieser wesentliche Teil besitzt ein uneingeschränktes Recht darauf, als dichterischer Ausdruck geboren zu werden; das bedingt ipso facto ein absolutes Erstlingsrecht vor allem anderen, was er sonst außer jenem Wesentlichen auszusprechen hat: ich nenne es auch seinen notwendigen Teil, da ihm sein Ausdruck Notwendigkeit ist. Solange ein Schriftsteller nicht völlig seinen notwendigen Teil ausgesprochen hat (was er mit dreißig Jahren vollbracht haben kann, wie er es aber selbst an der Schwelle des Alters vielleicht noch nicht getan hat), muß er diesem Aussprechen alles andere unterordnen und ihm notfalls alles opfern. Er darf nicht dulden, daß Ereignisse oder Menschen ihn davon ablenken, oder er darf es nur sehr kurz dulden; die Stunden eines solchen Mannes sind kostbar. Wie die Jungfrau von Orleans hört er seine Stimme nur »im Walde«, d. h. in seiner inneren Einsamkeit. Jedem Versuch, ihm von seiner Substanz etwas fortzunehmen zugunsten dessen, was nicht zu seinem notwendigen Teile gehört, muß er aus seiner Pflicht heraus antworten: »Ich habe etwas Besseres zu tun! Was ihr da von mir verlangt, können andere ebensogut tun wie ich. Laßt mich alle meine Kräfte auf das eine ausrichten, was mein Wesen darstellt. Überlaßt mich dem, was nur ich allein vollbringen kann.«

Daher mag es geschehen, daß er verflucht nichtaktuelle Bücher veröffentlicht. Aber das ist belanglos, da das Aktuelle immer von den Zeitgenossen übertrieben wird; sie hängen mit der Nase an den Ereignissen und sehen sie größer, als sie in Wirklichkeit sind.

Ein Schriftsteller, der dieses Namens würdig ist, muß nicht nur vor allem seinen notwendigen Teil aussprechen, sondern er muß das auch so tun, wie es ihm gefällt. Als der Maler Filippo Lippi bei den Medicis arbeitete, mußte man ihn einschließen, so sehr liebte er das Leben; aber er entkam durch das

Fenster. Schließlich sagte Como: »Man lasse seine Tür offen. Die Menschen von Talent sind himmlische Wesen. Man darf ihnen keinerlei Zwang antun.« Der seines Namens würdige Schriftsteller darf nicht gezwungen werden. Er darf in seiner Kunst nur schaffen, was ihm angenehm ist, und er muß es in dem Augenblick tun, in dem es ihm genehm ist; von allen anderen Angelegenheiten muß er abstehen: was er unter anderen Umständen täte, wäre schlecht getan. Und zweifellos läuft er bei solchem Handeln Gefahr, zu enttäuschen oder zu beirren. Doch was heißt das schon! Wenn ein Schriftsteller, der aus Vergnügen die Leser verwirrt, ein Dummkopf ist, dann hat ein anderer seines Namens würdiger Schriftsteller, der beirrt, alle Aussicht, ein Schriftsteller zu sein, der nur sich selbst treu ist.

Ein Schriftsteller sei sich selbst treu, das genügt; gleichzeitig ist er es dann dem Publikum. Diese Selbsttreue ist der größte Achtungsbeweis, den ein Schriftsteller dem Publikum erbringen kann; und er erbringt ihn, ohne es zu wollen, und das ist noch besser. Worin besteht nun für einen Schriftsteller die Treue sich selbst gegenüber? Sie besteht z. B. darin, keine Partei zu ergreifen in Fragen, mit denen er sich nicht eingehend beschäftigt hat, die er entweder aus irgendeinem zufälligen Grunde oder aus dem trefflichen Grunde, daß sie nicht seinen wesentlichen Teil angingen, abseits liegen ließ; oder sie besteht darin, keinen selbstgewissen Ton in Dingen anzunehmen, deren er sich nicht gewiß ist; oder darin, sich nicht zum Führer anderer Menschen auf solchen Wegen zu erheben, die er nicht genügend kennt, noch als Führer zu Dingen, deren Wert ihm selbst unklar ist. Und welches sind andererseits die Pflichten des Publikums gegenüber dem Schriftsteller? Sie sind: dem Schriftsteller das Recht auf Unerfahrenheit in solchen Dingen zuzuerkennen, die nicht seinem wesentlichen Teil angehören; ihn nicht zu zwingen, in seinen späteren Büchern dem gleichzubleiben, der er früher einmal war, wenn er in Wirklichkeit damit nicht mehr übereinstimmt, ihn also nicht zu zwingen, ein verlogener Mensch zu sein; weder zu glauben, seine Gabe sei erschöpft, weil er sich sammelt oder weil er das Leben genießt anstatt zu schreiben, noch anzunehmen, daß er danach strebt zu ärgern, weil er überrascht; ihm seine Freiheit des Schweigens zu lassen, wenn er etwas nicht weiß, und sie ihm mitunter auch zu lassen, wenn er Bescheid weiß. Kurzum, ihm zu gestatten, seine persönlichen Wege zu gehen, die ihm allein angemessen erscheinen. Noch kürzer gesagt: ihm Vertrauen zu schenken.

Wenn das Publikum so mit dem Schriftsteller verfährt, und wenn der Schriftsteller dieser Einstellung des Publikums würdig ist, wird das Publikum etwas sehen, das kostbar und selten ist, unendlich viel seltener, als man annimmt: einen Schriftsteller, der natürlich bleibt.

All das, was ich Ihnen sagte, hat Gültigkeit in normalen oder halbwegs normalen Zeiten. Wie aber steht es in einer Zeit, in der das Vaterland von außen oder von innen her bedroht ist? In derartigen Zeiten gerät ein solcher Schriftsteller in Gewissenskonflikte, dessen wesentlichem Teil die Politik fremd ist, der sich aber nun in diesen wesentlichen Teil vergräbt. An dem Tage, der die Entscheidung bringt, ist das von ihm Geliebte ohne ihn zerstört oder ohne ihn gerettet worden; er soll nun Nutznießer seiner Lebensordnung sein, die andere für ihn durch ihre Mühe, durch ihr Blut und vielleicht durch ihr Leben errangen, oder er soll unter einer Ordnung leiden, die seine persönliche kleine Kraft im Bunde mit anderen kleinen Kräften vielleicht zerbrochen hätte! Durch sein Abseitsstehen verriet er nicht allein seine Landsleute, sondern irgendwie auch sein Werk, in dessen Namen er sie verriet; denn das Ansehen eines Schriftstellers steht immer – mag es nun gerecht sein oder nicht – in bestimmtem Verhältnis zu dem Ansehen, das sein Land in der Welt genießt. Das alles aber ist wertlos für seinen Seelenfrieden. *Er hätte mitmachen müssen.* Verstehen wir uns richtig: mitmachen wie ein Mann, der den Tornister aufbuckelt, wenn die Sturmglocke schlägt, der aber weiß, daß seine Berufung anderswo liegt, am Pfluge oder in der Werkstatt, und der weiß, daß er sie nach Friedensschluß wieder aufnehmen wird. Vor allem das Publikum muß man an den nur vorläufigen Charakter des nationalen oder sozialen Dienstes des Schriftstellers erinnern, sofern es sich um einen Schriftsteller handelt, dessen wesentlicher Teil anderswo liegt. Das Publikum darf nie vergessen, daß ein großer Schriftsteller seinem Lande durch sein Werk mehr und gar viel mehr dient als durch die Tat, bei der er mitmachen kann, und daß nur eine unvernünftige Berechnung von einem Menschen verlangt, in Flugsand zu arbeiten, wenn man ihn nur sich selbst zu überlassen braucht, damit er in Erz arbeitet. Das Publikum sei auch gebeten, einen kurzen Blick auf das Netz von Dummheiten zu werfen, welches die politische Seite im Leben der meisten großen Schriftsteller ausmacht, sich also darüber klar zu sein, daß der Schriftsteller seinem Vaterlande am besten dient, wenn man ihm soviel wie möglich die Anwesenheit auf der Mauerzinne erspart.

So wird begreiflich, daß die Frage sehr schlecht gestellt ist, wenn es heißt: Soll ein Schriftsteller in das politische Leben eingreifen? Denn es mag geschehen, daß dieses Eingreifen zu seinem wesentlichen Teil gehört. Wir aber verteidigen diesen wesentlichen Teil.

Wenn ich vor Ihnen davon spreche, daß der Schriftsteller sich für die alleinige Hingabe an sein Werk entscheiden soll, so zeige ich Ihnen einen Gedanken auf, der mich ganz und gar erfüllt. Aber all das beweist nicht, daß er richtig ist. Wenn ich mich täuschte, so enthielte ein solches Sichentscheiden immerhin das Höchste an Bescheidenheit und Mäßigung. Es bewahrt den Schriftsteller vor der platten Einbildung, zu der alle Menschen neigen, die meinen, sie seien etwas.

Ein mir wohlbekannter Autor schrieb in einem seiner Bücher, das 1929 erschien: »Um sich darüber zu freuen, daß sein Gedanke widerhallt, muß man entweder einen sehr festen Glauben an ihn besitzen oder die allertraurigste Eitelkeit. Laßt mich euch ganz leise sagen, daß diejenigen, die sich aus diesem oder jenem Grunde freuen, einen Einfluß auszuüben, in mir die Befürchtung wecken, daß sie irgendwie zu den kleinen Geistern gehören. Ich brauche mich nur ein ganz klein wenig über das Alltägliche zu erheben, um meine Rolle und meine Leistung zu viel geringerer Bedeutung herabsinken zu sehen, als ihr ihnen beimeßt, – meine Leistung und die von uns Schriftstellern überhaupt. Weder ich noch das, was ich glaube, verdienen so ernst oder so wörtlich genommen zu werden.« Die Jünglinge, die – den Frauen gleich – immer einen Meister verlangen, das heißt jemanden, den sie am Gängelbande führen können, waren mit jenem Ausspruch nicht zufrieden. Sie fanden, daß er einen unerträglichen Hochmut bewiese. Immerhin dachten einige Männer daran, daß letztlich jene Worte auf dem Gebiete des Geistes nur die gleichen waren, die Pascal über die Neigungen des Herzens aussprach: »Ich bin für niemand Lebensziel, und mit nichts könnte ich euch zufriedenstellen.« Jawohl, heute noch würde ich diese Worte wiederholen. Niemals sehe ich jemanden mich um Rat bitten, ohne daß ich einen plötzlichen Zweifel an mir selbst empfinde, einen Abscheu davor, ihn auf falsche Wege zu leiten, und einen

Zwang, ihm zu sagen: »Ich besitze nicht, was du suchst«, und alles, was ihn an mir entmutigen kann. Denn es ist schon, wie gut man sich auch kennen mag, eine erhebliche Sache, sich selbst zu regieren, und wie vieles geht da auf Kosten des Zufalls! Was heißt es dann erst, andere zu regieren, von denen man in neun von zehn Fällen nichts weiß? Dazu bedarf es großer Verantwortungslosigkeit, und zweifellos regiert die Verantwortungslosigkeit die Welt; wir aber wollen uns ihr nicht beugen. In unserer Jugend sagten wir: »Das werde ich später tun.« Es kommt der Tag, an dem wir sehen, daß wir es nicht mehr tun werden, keineswegs darum, weil irgend etwas uns daran hindert, sondern weil wir zu unseren Gütern kamen, und zwar zu ihnen mit zuviel Mühe kamen, als daß wir es wagen wollten, uns auf der Suche nach anderen Dingen zu verschwenden, die wir vielleicht doch nicht erreichen könnten oder die uns bei der Erlangung vielleicht enttäuschen. Daher erscheint uns im Raume wie in der Zeit das Weltall mit riesigen Schattenzonen bedeckt, mit den terrae incognitae alles dessen, was wir niemals kennen, und alles dessen, was wir nicht begreifen. Wir ahnen, daß diese Schattengegenden ungefähr die gleichen sein werden an dem Tage, an dem uns der

Tod hinwegnimmt. Einer meiner Urgroßväter, der im letzten Jahrhundert eine politische Rolle spielte, und dessen Leben von geistiger und öffentlicher Tätigkeit ausgefüllt war, der Schriftsteller, Rechtsanwalt, Mitglied der Gesetzgebenden Versammlung, Führer einer politischen Partei, Gründer und Leiter einer Pariser Tageszeitung war, fand auf seinem Totenbett nur folgende Worte: »Es gab sehr viel Lücken in meinem Leben.« Ich gäbe die meisten der historischen Worte aus letzter Stunde für dieses eine hin! Auch ich weiß nicht, wie ich schon seit so langer Zeit leben und doch nur so wenig Dinge kennen konnte. Das Wort meines Urgroßvaters paßt auf uns alle. Es ist im Grunde nicht traurig, denn alles Klarsichtige kann niemals ganz traurig sein; aber drückt es schließlich nicht jene lebendige Überzeugung seiner eigenen Bedeutung aus, die unerläßlich ist für einen Schriftsteller, der als geistiger Führer erscheinen will? Wer es ausspricht, wird nicht versucht sein, andere zu lenken. Er würde sich zu sehr an das Bibelwort erinnern: »Nox nocti indicat scientiam. Die Nacht ist die Lehrmeisterin der Nacht.«

Und das ist noch nicht alles: die Wege eines Schriftstellers besitzen nur für ihn selber Gültigkeit. Das ist schon so bei den meisten Menschen.

Wie sehr aber erst, wenn es sich um einen Künstler, also einen von Natur außergewöhnlichen Menschen handelt! Seine Erfahrung bleibt ganz persönlich. Sie paßt auf niemanden.

Sie werden mir vielleicht sagen, daß ich anfangs das Kunstwerk als etwas sehr Großes hinstellte, wenn ich die Opfer zeigte, die es vom Künstler fordert, und daß ich es jetzt sehr herabsetze, weil ich ihm das Recht auf Führung abspreche, das so viele Menschen ihm zuschreiben. Aber ein Kunstwerk kann sehr groß sein und dennoch keinen lehrhaften Wert besitzen, die Lehre ausgenommen, die mancher ihm zuerkennt, wenn er über etwas Phantasie verfügt. Die Mythologie der Alten hatte recht. Wenn die Helden, die großen Schriftsteller, die großen Künstler sterben, werden sie zu Sternbildern. Diese Sterne sind ihre Werke, also sie selbst, da sie ihr ganzes Wesen in ihre Werke gegossen haben. Aber jene Art Sterne ist nicht wie der Stern der Heiligen Drei Könige aus dem Morgenlande: sie geleiten einen zu nichts, vor dem man niederknien müßte. Die Werke der Schriftsteller wurden weder um unseretwillen noch aus Liebe zu uns geschaffen, sowenig die Frucht des Baumes rein um unseretwillen oder aus Liebe zu uns reifte und das Weltall für uns oder aus Liebe zu uns entstand. Die Werke der Schriftsteller sind aus deren organischem Zwang geboren, sich ausdrücken zu müssen. Machen wir uns über sie keinen blauen Dunst vor! Verlangen wir von ihnen nicht, was sie uns nicht geben können. Ehren wir sie aber in der einzigen Weise, in der Ideen, Werke und Menschen geehrt werden müssen und die auch uns selbst ehrt: ehren wir sie in dem, was sie sind, und nicht in dem, was sie nicht sind. Klar sehen! Und dann laßt uns erkennen, daß Klarheit nicht weh tut ...

Das Ihnen zu sagen, meine Damen und Herren, war mir beim heutigen Anlaß eine Freude. Sie sind anscheinend hierhergekommen, um eine Art Gesamtbild eines Schriftstellers zu betrachten. Dieser Schriftsteller gab Ihnen das Maß für alles, was die Werke der Schriftsteller – das seine einbegriffen – verdienen und was sie nicht verdienen. Was ich Ihnen sagte, durfte man nicht mit erhobener Stimme sagen: es strebte nicht nach Anfeuerung, sondern nur nach Klärung. Ebensowenig will es mit Beifall aufgenommen werden, sondern nur, selbst noch jenseits dessen, was ich davon sagte: richtig gehört werden. Ich danke Ihnen, daß Sie mir die Möglichkeit gegeben haben, in dieser Ansprache an eine Versammlung *nicht* deren geheimem Wunsch zu schmeicheln (den ich kannte und beiseite ließ), mich nicht an ihre Gefühle, sondern an ihre Verständigkeit zu wenden und schließlich, um es kurz zu sagen, nicht anders zu ihr zu sprechen, als wenn ich zu mir selber spräche.

V Brief eines Vaters an seinen Sohn

(Bruchstücke)

Die Tugenden, die Du vor allem festigen sollst, sind der Mut, der Gemeinsinn, der Stolz, die Gradheit, die Verachtung, die Uneigennützigkeit, die Höflichkeit, die Dankbarkeit und überhaupt alles, was man unter Edelmut versteht.

Der sittliche *Mut*, wie er in so gutem Rufe steht, ist eine leichte Tugend, besonders für den, der nichts auf die Meinung der Leute gibt. Ihn zu erwerben, falls man ihn noch nicht hat, ist Willenssache, also ein leichtes Unterfangen. Dagegen erwirbt man den physischen Mut durch körperliche Festigung; und das überschreitet die Grenze, die ich mir hier gezogen habe.

Gemeinsinn und Vaterlandsliebe sind ein und dasselbe, wenn die Vaterlandsliebe wirklich ihren Namen verdient. Du gehörst einem Lande an, wo es Patriotismus ruckweise gibt und Gemeinsinn niemals; wo der Gemeinsinn als lächerlich gilt. Ich sage Dir: »Wenn Du Patriot bist, sei es ernsthaft«, wie ich Dir sagen würde: »Wenn Du Katholik bist, sei es ernsthaft.« Ich mache kein Aufhebens von einem Manne, der in Kriegszeiten tapfer sein Vaterland verteidigt, das er in Friedenszeiten mit tausend Nadelstichen schwächt. Nicht erst nach einem feindlichen Einfall sollst Du dein Land gut behandeln. Wenn Du den Frieden liebst, so zeige in ihm die gleiche aufrechte Haltung wie im Kriege.

Eitelkeit, wie sie die Welt beherrscht, ist eine lächerliche Haltung. Hochmut erhöht nicht das Verdienst, selbst wenn er begründet ist; wo ich von einem »schönen Hochmut« sprechen höre, bleibe ich gedankenabwesend. Und ist er unbegründet, dann ist er ebenfalls lächerlich. Nur in einem ist der Hochmut der Eitelkeit überlegen: sie erwartet alles und er nichts. Der Hochmut bedarf keiner Nahrung, er ist von fast krankhafter Anspruchslosigkeit. Den Mittelweg zwischen Eitelkeit und Hochmut sollst Du wählen, den *Stolz*.

Gradheit ist dies und das, und außerdem ist sie ein gutes Geschäft. Alles was die Gerissenheit erlangt, erreicht die Gradheit mit weniger Aufwand, weniger Gefahr und weniger Zeitverlust.

Uneigennützigkeit hat keinen anderen Vorzug, als daß sie Dich aus dem Gewöhnlichen heraushebt, und das mit sicherem Griff. Immer, wenn Du etwas nehmen kannst und es doch nicht nimmst, bereicherst Du Dich hundert- und tausendmal mehr, als Du Dir durch das Nehmen gegeben hättest. In der unsichtbaren Welt wirst Du Dir eine demantene Kathedrale bauen aus all den Gelegenheiten, die Du nicht ausnütztest. Das heutige Frankreich hat eine Anzahl wirklich gemeiner Worte geschaffen, so unter anderem *schmarotzen*. Schmarotze nie, auch nicht in bescheidenster Weise, denn es schreitet weiter vom Kleinen zum Großen.

Verachtung gehört zur Achtung. Man ist der Verachtung so weit fähig, wie man der Achtung fähig ist. Wieviele treffliche Gründe rechtfertigen unser Verachten. Wer das Schlechte oder das Niedrige nicht verachtet, steht mit ihm im Bunde. Und was gilt die Achtung dessen, der nicht zu verachten weiß? Immer schon dachte ich, daß man etwas auf Verachtung aufbauen könne; heute weiß ich was: die *Sittlichkeit*. Denn nicht der Hochmut verachtet, sondern die Tugend. Auch wird denen viel verziehen, die viel verachtet haben. Und das füge ich noch hinzu: um zu verachten, braucht man nicht selbst verächtlich zu sein.

Es gibt keinen ernsthaften Haß, der nicht Verachtung enthielte. Zum Beispiel: ich hasse die Deutschen darum nicht, weil ich sie nicht verachte.

Es ist eines der Zeichen des französischen Niederganges, daß Frankreich der Verachtung nicht mehr fähig ist.

Höflichkeit tut not; denn ihr Fehlen unterhöhlt alles. In der heutigen Welt, wo die Höflichkeit bald noch seltener sein wird als die Tugend, werden wir so weit kommen, daß man hier und da schließlich meinen könnte, schlechte Erziehung komme schlechtem Handeln gleich. Immer sollst Du als erster Höflichkeit erweisen, ohne zu wissen, ob man sie Dir wieder erweist; und vor allem den Kleinen sollst Du immer die Hand entgegenstrecken. Erweist man sie Dir nicht, dann sollst Du mit diesen Leuten brechen, was für äußere oder innere Gemeinsamkeiten Dich an sie binden mögen, und wie groß auch ihre Fähigkeiten und Verdienste seien. Und Du wirst merken, daß die äußerste Höflichkeit ebenso unter Freunden wie unter Feinden nötig ist: Unhöflichkeit bei einem der Freunde unterhöhlt erst und zerbricht dann die Freundschaft ebenso gewiß wie ein schreiendes Unrecht. Die Höflichkeit wird Deine Augen mit Falten umranden, denn sie bedarf eines großen Nervenaufwands. Aber man kann sie nicht entbehren.

Mache es zu Deiner selbstverständlichen Lebensregel, immer den Kleinen entgegenzukommen, wo sie bescheiden sind, und den Großen gegenüber Zurückhaltung zu wahren: Freundlichkeit den Kleinen, Gefälligkeit den Mittleren, Wachsamkeit den Großen gegenüber! Dabei vergiß nicht, daß Du den Großen ebensoviel Nächstenliebe erweisest wie den Kleinen.

Dankbarkeit ist ein der Natur so entgegengesetztes Gefühl, daß es Dir möglicherweise fast ganz abgeht, wenn Du nicht dein strengstes Augenmerk darauf richtest. Wer starkes Lebensgefühl besitzt, schert sich den Teufel drum, ob man ihm dankbar ist oder nicht. Aber baue nicht auf soviel Lebenskraft.

Wenn Du all diese Tugenden besitzest, ist das übrige von geringerer Bedeutung. So kommt es zum Beispiel wenig darauf an, ob Du an Gott glaubst oder nicht. Darüber magst Du denken, wie es Dir recht erscheint.

Unwesentlich ist, ob Du Deinen Nächsten liebst oder nicht. Suche aber nicht seine Liebe. Einmal, weil derjenige, der Dir seine Liebe schenkt, Dir Deine Freiheit nimmt; und dann, weil *Gefallsucht* der schlüpfrigste Hang ist, auf dem man unmittelbar zur niedrigsten Stufe hinabgleiten kann. Da wir Gefahr laufen, allzu einseitig zu werden, wenn wir zu männlich sind, müssen wir von den Frauen manchen ihrem Geschlechte eigenen Instinkt annehmen. Aber um Gottes willen nicht diesen!

Unwesentlich ist, ob Du den Sinnenfreuden nachgibst oder nicht. Du wirst sagen hören, daß Wollust die Geistigkeit ausschließt, die Nächstenliebe ausschließt usw. Das ist eine Lüge! Eine gesättigte und ausgewogene Natur bringt das alles in rechte Ordnung und wird damit fertig. Es kommt darauf an, die Leidenschaften zu lenken; das ist alles. »Gott weiß, daß es euch unmöglich ist, nicht an die Frauen zu denken« (Koran). Aber gerade auf diesem Gebiet mußt Du Haltung besitzen. Hüte Dich, etwas von einer Frau hinzunehmen, was Dich aufbrausen ließe, käme es von einem Manne. Das Glück, das Dir ein Wesen schenkt, gibt ihm keine Rechte über Dich. Diesen Gedanken durchzuhalten, ist nicht immer leicht, und das um so weniger, als man ihn mit der großen Dankbarkeit in Einklang bringen muß, die jeder, der uns Freude schenkt, verdient.

Viele Handlungen, die die übliche Anschauung für unanfechtbar hält, verdammen oft einen Mann ein für allemal. Aber Lüge, Mord, Diebstahl, Kriegsplünderung verdammen einen Mann nicht unbedingt. Er kann sie begehen und doch eine Haltung der Überlegenheit bewahren. Das Leben vieler Männer ist nicht mehr wert als das Leben eines Gründlings. Für den Diebstahl gibt's oft Entschuldigungen. Oft fügt die Lüge weniger Leid zu als die Wahrheit; entgegen der allgemeinen Auffassung kann man sehr wohl die Menschen belügen, die man am meisten liebt: Du hast mich belogen, ich habe Dich belogen, und ich werde Dich noch mehr belügen. Aber wohl verstanden: laß mich darüber nichts sagen, was ich nicht sagen möchte.

Das also sind viele gleichgültige Dinge. Das Wesentliche ist allein die innere Lebenshöhe. Sie wird Dir alles ersetzen. Darunter verstehe ich das Losgelöstsein, denn wie könnte man Höhe gewinnen, ohne sich loszulösen? Diese Lebenshöhe wäre Dir Heimat genug, hättest Du keine andere. Sie wird Dir Dein Vaterland ersetzen, wenn es Dir eines Tages fehlen sollte. Man muß einfach unsinnig hoch stehen; man stürzt dann zwar leichter und viel tiefer hinab. Aber was wäre man denn ohne diese menschliche Höhe! Ich komme auf die Tugend der Verachtung zurück, weil sie, wie ich Dir gesagt habe, bei unseren Landsleuten unbekannt ist. »Heliogabal wollte keinen Sohn haben, aus Furcht, es würden ihm solche mit ehrbaren Sitten geboren« (Lampride). Es bedrückt mich, mit einem Staatsführer nicht einig zu sein, aber wenn mich irgend etwas davon abgehalten hätte, einen Sohn zu haben, dann wäre es im Gegenteil die Angst gewesen, er habe keine ehrbaren Sitten. Unter »ehrbaren Sitten« verstehe ich vor allem jene innere Kraft und Art eines Menschen, dank deren ihn das Schlechte anekelt wie eine Gemeinheit. Oft genug sehen wir Knaben hervorragender Kreise, Studenten der höchsten Schulen oder andere in Rauschgift-, Dirnen- und sonstige zweideutige Geschichten verwickelt. Es fehlte ihnen jene innere Untadeligkeit, die ihnen schon beim bloßen Anblick solcher Leute und ohne Einschaltung des sittlichen Gefühls zum Bewußtsein gebracht hätte, daß es hier nur *eine* Haltung geben kann: nichts gemein zu haben mit ihnen. Es fehlte ihnen an Abscheu, es fehlte ihnen an Verachtung. Es brachte mich außer Fassung und betrübte mich tief, als ich sah, mit welcher Sorte Menschen junge Offiziere in den Kolonien Umgang pflegen. Ich nehme Offiziere als Beispiel, weil es doppelten Anstoß erregt, wenn man in der Uniform Anstoß erregt. Diese Menschen waren widerlich; der erste Anblick hatte genügt, daß ich mich in mich selbst zurückzog. Sie machten aber nicht einen ähnlichen Eindruck auf junge Männer, die man zu den Besten der französischen Gesellschaft zählt;

im Gegenteil: diese jungen Leute gefielen sich noch in solchem Umgang. Dann erfährt man die klassische Geschichte vom Leutnant und der Spionin oder vom Leutnant, der sich einer Dirne wegen das Leben nimmt. Nichts von alledem wäre geschehen, hätten diese Burschen vor solchen Weibern jenes Schaudern gehabt, das man Verachtung nennt. Wenn sich einer von ihnen in eine schmutzige Geschichte stürzt – sogar noch bevor ich von ihm meine: »Das ist ein Gimpel«, was *immer* zutrifft – denke ich stets: »Das ist ein Bursche ohne jene innere Untadeligkeit.« Sollte ich als Geschworener auf die Frage: »Warum haben Sie Ihren Sohn umgebracht?« einen Vater antworten hören: »Weil er ein Lump wurde«, so träte ich für Freispruch ein. Aber nach solchen Einstellungsgrundsätzen wird heute kein Recht gesprochen.

Jemand, den ich nicht liebe, hat mir Nelken und Rosen geschickt. Sorgsam entferne ich die stützenden Drähte, so wie ich die Nadel aus dem Körper eines Schmetterlings zöge. Diese Rose da, trunken auf ihrem hohen Stiel, wie sie duftet! Sicherlich hat sie der Engel Gabriel zwischen seinen Fingern gehalten. Ich genieße den Duft und habe die Blumenkrone in meinen Handflächen wie den schwersten Kelch oder wie einen Vogel, den man festhält, ohne ihm weh zu tun. Wenn eine Larve auf ihrem Blütenboden läge, und wenn ich sie in meine Nasenlöcher söge, bei Gott, was liegt mir daran! Heute abend wird sie keinen Duft mehr haben. Ich werde ihren ganzen Duft eingesogen haben. Ich werde einschlafen und sie auf meiner Brust halten, mit ihrem langen Stiel, wie auf seiner Grabplatte ein König sein Zepter. Aber man muß sie sehen, besonders bei elektrischem Licht. Nichts kommt dem Feuer, der Leuchtekraft, dem Glanz, der allmächtigen Jugend der Nelken und Rosen gleich, wenn man das elektrische Licht andreht mitten in der Nacht. Ich will Dir von diesem Blumenkorb ein Dritteil schicken, das übrige bleibt für mich.

Nie verstand ich, wie ein Mann sein Heim, seine Freundinnen, seine einmalige Art zu arbeiten, zu beten – in einem Wort: sein Leben öffentlich herzuzeigen vermag. »Har'm« sagen die Muselmanen, und dieses Wort umschließt alles, was sie lieben. Ich werde Dir indessen weniger ans Herz legen: »Sei verschwiegen« als: »Habe die Kraft, es zu sein.« Im inneren Leben ist das Verborgene am stärksten, wie an minderwertigen Kleidern der Stoff unter den Aufschlägen seine lebhaftere Farbe behält. Wer ein Geheimnis nicht bewahren kann, verurteilt sich damit selber. Und denke dran, daß die Schwierigkeit nicht darin liegt, etwas vor neun Menschen zu verheimlichen, sondern es auch noch vor dem zehnten geheimzuhalten.

Den Tieren gegenüber sollst Du eine vernünftige Güte üben aus all den Gründen, die man überall anführt, vor allem aber, weil Du oft bei ihnen mehr Adel und mehr Vernunft findest als bei den Menschen. Immer, wenn Du dem widerstandest, ein Tier unnütz zu töten oder unnütz zu ärgern, dann tatst Du recht daran.

So auch den Dingen gegenüber. Wenn Du dem widerstandest, eine Blume zu pflücken, ein klares Quellwasser zu verunreinigen, einen Zweig unnütz abzubrechen usw., dann tatst Du immer recht daran. Auch wenn kein sicheres Verdienst dabei wäre (und das ist nicht gewiß), so hättest Du doch wenigstens ein gemeines Gefühl unterdrückt.

Ich warne Dich, vor der Meinung der Leute Angst zu haben. Wehe dem, der nicht verleumdet werden will! Wer seinen Wert kennt und, gutgläubig oder nicht, verkannt oder verleumdet wird, hat nur ein einziges Gefühl im Herzen: nämlich Überraschung. Bei ganz anderen Dingen empfindet er Haß und Abscheu. Nimm Dir vor, zuzeiten schlecht eingeschätzt zu werden. Wechsle ab mit Zeiten in denen Du geachtet wirst. Und wenn Du merkst, daß sie gleichen Geschmackes sind, hast Du einen guten Schritt getan der gesunden Schau der Dinge entgegen. Außerdem: wenn man nicht gut denkt von Dir, ist es noch ein Verdienst, recht tugendhaft zu sein. Darin liegt kein Verdienst, tugendhaft zu sein, wenn man beweihräuchert wird; man nimmt unmerklich die Tugenden an, die man angedichtet bekommt.

Dazu wirst Du sagen: »Wie kann man das Ehrgefühl mit solcher Verachtung der öffentlichen Meinung in Einklang bringen, da es doch eine gewisse Rücksicht auf die öffentliche Meinung einzubegreifen scheint?« Ja, mein Lieber, das gehört zu Deiner Übung. Du kannst nicht wollen, daß ich Dir alles vorgekaut reiche.

Ich warne Dich vor dem Ehrgeiz. Es ist gut, daß ich es frühzeitig tun kann; denn der Ehrgeiz ist eine Leidenschaft, die zur Urteilslosigkeit der Jugend gehört. Erst mit achtundzwanzig Jahren habe ich entdeckt, daß der Ehrgeiz eine sehr bürgerliche Leidenschaft ist. Wohlgemerkt, Du magst mit diesem Gefühl spielen wie mit irgendeinem anderen, aber nur als Zeitvertreib ...

Ich warne Dich vor übertriebener Härte. Ich warne Dich vor übertriebenem Willen. Sieh Dich vor! Ein großer Teil der Lebenskraft, die die Menschen aufwenden, ist für nichts aufgewandt. Gib Dich an alles nur mit klarem Kopf hin. Das wird Dir um so leichter sein, wenn Du bedenkst, daß ein Kerl wie Du keinen besonderen Wert auf sein Tun legt. Wer Rauheit sagt, sagt Niedrigkeit (der Seele natürlich).

Es gibt kein Leid, dessen Spitze Du nicht abzubrechen vermochtest, wenn Du Dir vorstellst, wieviel schlimmer es sein könnte. Das Bewußtsein seiner Sorgen ist bei einem Manne mit gesundem Blutkreislauf rasch ausgeschaltet. Dennoch warne ich Dich nebenbei vor unnützem Leid (mit allem, was ich Dir darüber noch sage, meine ich das seelische Leid). Das Glück ist ein viel edlerer und viel verfeinerter Zustand als das Leid: als die Menschen noch ein gesundes Gehirn hatten, stellten sie sich die Götter, die sie sich schufen, nur glücklich vor. In den Abgründen des Schmerzes habe ich nie etwas Gutes gefunden: man ist da von einer fühllosen Mauer umgeben. Von den Gipfeln der Seligkeit aber sah ich das, was es für mich zu sehen gab. Aber von da aus erobern die Menschen selten das Glück: sie sind seiner nicht würdig genug. Sie fanden es nicht, und daher verleumden sie es. Wenn die Natur überhaupt etwas wollte, dann wollte sie sicherlich nicht das Leid. Man sehe nur, wie Menschen, die viel leiden, blöde werden, häßlich werden, die Herrschaft über ihre Kräfte verlieren usw. Wenn Du jemand von dem Vorrang des Leidens reden hörst, kannst Du wetten, daß Du es mit einem einfältigen Geist zu tun hast: das Leiden ist der »kleine Luxus« sehr mittelmäßiger Menschen. Jeder will beweisen, daß er der unglücklichste und sorgenvollste ist, wie ich einmal zwei Backfische reden hörte: »Weißt du, ich weine sehr heftig.« – »Aber ich weine noch heftiger als du. Wenn ich weine, hört mich jeder auf der Straße.« – Darin sind fast alle Menschen so: sie wollen, daß man sie auf der Straße hört. Das meiste seelische Leiden schaffen sie sich ohne Grund selber; dabei ist es nicht nur unbegründet, es ist auch unnütz. Ja, das körperliche Leiden fordert ganz andere Beachtung. Nimm Dir also vom seelischen Leid gerade so viel, wie nötig ist zu Reichtum und Mannigfaltigkeit Deines inneren Lebens, aber sei glücklich und dabei makellos. Man muß sich in der Natur zu Hause fühlen können. Und bist Du glücklich, sei es mit ganzem Bewußtsein, und schäme Dich nicht, einen so achtenswerten Zustand zu bekennen.

Bist Du nun dieses seltene menschliche Exemplar geworden, das mich allein rechtfertigen wird, Dich geschaffen zu haben, dann wird zweifellos die Zeit gekommen sein, wo Du Dich totschlagen läßt für das Durcheinander einer Kultur, mit der Du nicht viel Gemeinschaft empfindest.

Wärest Du nicht, dann zöge mich von Vergangenheit und Zukunft die Zukunft am wenigsten an. Aber mit Deiner Geburt hast Du für mich die Zukunft geschaffen; Du hast mich damit zu ihrem Gefangenen gemacht. Es ist in der Ordnung der Natur, daß Du Dich an einem solchen Zukunftstage gegen mich wenden wirst. In der Zeit, da ich mein Leben beschließe, wird es für Dich ausgemachte Sache sein, daß man mich überschätzte und daß ich in Wirklichkeit nur ein Dummkopf war. Fremde werden mein Grab mit Blumen schmücken und nicht Du. Aber bekümmere Dich fortan nicht zu sehr um dieses angeblich »häßliche Gefühl«. Mich selbst hätte es auch kaum bekümmert. Es ist mir völlig gleichgültig, ob Du mich liebst oder nicht, und ich müßte mich schämen, wenn ich es wünschte; Deine Zuneigung wird schon immer gerade recht sein. Ich hänge sehr an Dir; dieses Gefühl befriedigt mich. Ich liebe Zitronenwasser, aber ich bedarf nicht der Liebe des Zitronenwassers.

Also wirst Du mir eines Tages vielleicht sagen, daß für einen modernen Mann die Ratschläge nicht passen, die ich Dir gab. Das ist sicher: die Tugenden, die ich von Dir fordere, sind von größtem Schaden für den, der es in dieser heutigen Welt »zu etwas bringen« will (immer diese gräßlichen Worte!). Aber ich schuf Dich ja nicht, daß Du ein Mann dieser oder jener Welt seiest, sondern ein Mann schlechthin.

Darauf wirst Du mir vielleicht erwidern, daß Dir das nicht das tägliche Brot geben wird, falls Du eines Tages das Unglück hast – wie man bei der Ungewißheit der Zeiten befürchten muß –, Dein Brot verdienen zu müssen (»Das Unglück«: denn Du weißt, ich verachte und hasse die Arbeit. Das Christentum hat das genau erkannt und machte daraus die große Strafe: im Mittelalter sollte der ganz und gar Gott wohlgefällige Mensch lieber von Almosen leben als von seiner Arbeit.) Darauf werde ich Dir erwidern, daß Du immer Möglichkeiten finden wirst, Dein Brot zu verdienen. Dabei wird es Dir weder an Ratschlägen noch an Beispielen fehlen, denn die Leute haben nichts anderes im Kopf. Aber von mir sollst Du die Mittel erhalten haben, von der Vorstellung zu leben, die Du Dir von Dir selber machst. Und das mag Dir in manchem Dein täglich Brot ersetzen.

Ein reizendes Windspiel, das am Garten vorbeiläuft, hat mich von dem abgebracht, was ich Dir schreiben wollte. Die Haut an seinen Fesseln ist ganz rosig und durchscheinend. Ich muß daran denken, daß es diese beiden niemals mattwerdenden Edelsteine überallhin mit sich trägt.

Man hört die Bäche, die Hunde und die Bienen. All das durchdringt, was ich Dir schreibe. Aber ich drücke mich schlecht aus: es vermag es gar nicht zu durchdringen, denn beides ist eins und dasselbe.

Eines Tages wirst Du mir vielleicht sagen, daß die Menschen weder diese Gefälligkeit, noch diesen Opfersinn, noch diesen Edelmut oder auch nur Gerechtigkeit verdienen. Das scheint mir richtig. Aber Du sollst Deine Tugenden nicht für andere haben, sondern für Dich. Du wirst mir sagen, daß es nichts gibt, wofür zu sterben sich lohnte. Das scheint sehr richtig: »Halt! Leidet und stirbt man für eine Sache, an die man nur halb glaubt?« Aber nicht für die Sache leidet und stirbt man, sondern für die Auffassung, die dieses Leid und dieser Tod Dir von Dir selbst gibt. Man muß absurd sein, mein Freund, aber man darf sich nie täuschen lassen. Habe nie Mitleid mit den Geprellten!

Mit all dem wirst Du vor Dir selbst und vor mir Anerkennung finden. Das soll Dir genügen. Denn so wenig Du erwartest, daß Dir Deine Tugenden zu etwas nütze sind, genau so wenig und noch viel weniger wirst Du erwarten, daß man sie Dir irgendwie anrechnet. Vielmehr will ich Dir sagen, was die Stoiker zu dem Weisen sagten: In allem wirst Du selbst der Geopferte sein. Für jede Deiner »guten« Taten wirst Du ganz von selbst sofort bestraft werden. Wer tapfer ist, wird getötet; wer Gerechtigkeit verlangt, gilt als lau; wer aus Ehrgefühl heiratet, richtet sein Leben zugrunde. Freigebigkeit macht arm, Milde ermutigt die Schlechten, Offenheit gibt ihnen Waffen in die Hand, Seelenstärke verhindert, daß man Deinen Kummer ernst nimmt, Selbstbeherrschung gilt als Mangel an Schwung, Vernunft als Feigheit, Bescheidenheit als Unfähigkeit, Verzeihen als Eingeständnis eigenen Unrechts. Und man kann schwerlich den Menschen ihre Schlechtigkeit übelnehmen, wenn man sieht, daß die unfehlbare Lebensregel, glücklich und geachtet zu sein, darin besteht, mit Stumpf und Stiel alle Regungen des Gewissens und des Herzens zu ersticken. Hohe und erhabene Auffassungen zu hegen, ist das allersicherste Mittel, sich heute den Haß seiner Landsleute zuzuziehen. Was Du auch zu ihren Gunsten tust, sie werden es zu Deinen Ungunsten auslegen. Nur so lange werden sie Dich nicht hassen, als sie Deinem Tun dieselben Beweggründe zuschreiben wie ihrem eigenen Handeln, nämlich gemeine; sie werden Dich hassen, sobald sie bei Dir andere Antriebe wittern. Sie sähen in Dir lieber ihren Peiniger als ihren Wohltäter, vorausgesetzt, daß sie Dich als ihren Peiniger auf gleicher Stufe mit sich selbst wissen. In der Dich umgebenden Gesellschaft findest Du für Gleichartiges eine allgemeine Willfährigkeit, aber nie für Andersartiges. Sie werden Dich verspotten und anschwärzen, und daran wirst Du erkennen, daß Du auf dem rechten Wege bist. Das geht so weit, daß ich Dir rate, hier und da, und zwar planmäßig, etwas einzuschieben, das den Spott herausfordert, um so ganz sicher zu sein, daß sie Dich verspotten werden; so untrüglich ist dieses Zeichen. Übrigens macht es immer Freude, seinem Feinde Waffen zu liefern; daran wirst Du rasch Gefallen finden, und bald kannst Du's nicht mehr entbehren. Darum muß man nicht unbedingt gehaßt werden. Wie aber wäre ein Ehrenmann nicht stolz, der Welt, so wie sie nun einmal ist, ein solches Gefühl einzuflößen?

Wirst Du diesen Zustand der Unterlegenheit durchhalten können, in den ich Dich im Spiele der Gesellschaft bringen möchte? Mein armer Junge, Dir fehlt es an Begehrlichkeit, an Heftigkeit und an Unverschämtheit: wie kannst Du das alles aufholen? Ich glaube die Tücke der Welt zu sehen, wie sie sich auf Dir niederläßt und Dich beugt, wie die Vögel die Baumzweige. Deine Zartheit macht mir Angst. Seit den sechzehn Jahren, die Du auf dieser Erde weilst, bist Du mein Erstaunen: nie hatte ich Dir etwas vorzuwerfen, das eine Spur in mir hinterließ, – und die Achtung, die ich Dir dafür entgegenbringe, ist würdig dessen, was Du mir gabst. So wie Du Dich mir zeigst, erscheinst Du mir ohne alle Härte, alle Heimlichkeiten, ohne alle Ziererei. Man könnte sagen, daß eine Art Schutzhülle Dich gefühllos macht gegen alles Gemeine, ohne daß Du Dich darum zu bemühen brauchst. Und die Tage vergehen und bringen Anlässe haufenweise, Dich zu verderben, aber sie verderben Dich nicht. Und ich betrachte Dich, wie man ein wohlgeborenes Wesen betrachtet, das heißt, ein Wesen, wie es so selten ist auf der Welt, das aber auch zu ihrer Rechtfertigung genügt. Und ich zittere unaufhörlich bei dem Gedanken, daß die hohe Auffassung, die ich von Dir habe, unmerklich einen Sprung bekommt, weil Du vielleicht einen Fehlschritt getan hast. Bei all dem kommt es mir vor, daß sich Fremde über Dich beklagen. Wäre es deshalb, weil Du mich vorziehst? Ich habe nie versucht,

Deine Gefühle zu mir zu durchschauen; ich hab' es Dir oft gesagt: wenig liegt mir daran. Aber dessen möchte ich sicher sein, daß Du auch fern von mir genug Kraft bewahrst, Dich durchzusetzen, nicht nur gegen das Schlechte, sondern gegen alles, was nicht für Dich geschaffen ist. Jene Anständigkeit und jene Bescheidenheit, die Du mit Dir trägst wie der Windhund seine wunderbaren Edelsteine, werden wohl mehr als je bedroht von der Welt und von Dir selbst: denn Du trittst jetzt ein in jenes »undankbare Alter« des Daseins, das ungefähr vom achtzehnten bis zum achtundzwanzigsten Jahre dauert und wo man fast mit Notwendigkeit dumm sein muß (und oft findet man aus Dummheit Gefallen an den Niedrigkeiten). In der Nußschale Deiner Neuheit und Einmaligkeit schwimmst Du auf einem Ozean des Schmutzes, der unsere Welt vorstellt. Ein Wunder ist es, wenn Du nicht kenterst. Ich müßte dann das verachten, was ich ins Leben rief. Einer von jenen unglücklichen Unwissenden zu werden, wie es die meisten Väter und Mütter sind!

Lieber Junge, ich halte inne, denn ich fühle meine Verwirrung, wenn ich zu sehr bedenke, was Du für mich bist. Und ich habe Besseres für Dich zu tun, als Dich zu lieben.